电商的终局

黄若/ 著

人民东方出版传媒
东方出版社

图书在版编目（CIP）数据

电商的终局 / 黄若 著. —北京：东方出版社，2021.8
ISBN 978-7-5207-2249-0

Ⅰ.①电…　Ⅱ.①黄…　Ⅲ.①零售业—商业经营—研究　Ⅳ.①F713.32

中国版本图书馆 CIP 数据核字（2021）第 125188 号

电商的终局
(DIANSHANG DE ZHONGJU)

作　　者：黄　若
责任编辑：申　浩
出　　版：东方出版社
发　　行：人民东方出版传媒有限公司
地　　址：北京市西城区北三环中路 6 号
邮　　编：100120
印　　刷：北京联兴盛业印刷股份有限公司
版　　次：2021 年 8 月第 1 版
印　　次：2021 年 8 月第 1 次印刷
开　　本：710 毫米×1000 毫米　1/16
印　　张：16.25
字　　数：150 千字
书　　号：ISBN 978-7-5207-2249-0
定　　价：58.00 元
发行电话：(010) 85924663　85924644　85924641

目　录

第三部分 "人"的零售

自　序

按照计划，这本书应该是我出版的关于电商和中国零售系列书的封笔之作了。

过去数年间利用工作之余，陆续写作了《我看电商》、《我看电商2》、《走出电商困局》、《再看电商》和《我看电商3：零售的变革》等五本关于电子商务的书，作为三十多年实体零售和电商行业的老兵，我深度参与了这个行业从工业时代到信息时代的发展及变迁。我最初入行是从线下门店收货助理开始，一直做到主持天猫平台模式的打造创建，我也曾服务于私募基金投资互联网项目，到近年来自己操盘创业自有品牌零售企业，可以说我本人的工作轨迹，亲身经历了改革开放以来中国零售行业发展的起伏跌宕，亲身感受到了消费演变的热点变迁。本书可以视为我"看电商"对零售行业观察和分享系列书的第六本。与过去几本不同的是，本书除了分析过去一年多来电商行业的新动态、新变化、新机遇以外，还着重在开头几个章节专题探讨了中国零售的特点与信息时代零售行业的独特性，并进而提出一个值得所有业界人士讨论思考的问题：零售发展到今天的互联网时代，电商的终局将走向何方？

和国外主要经济体的主流零售模式不同的是，中国零售，不论是农耕时代的集市，工业时代的大卖场、百货公司，还是信息时代的电商巨头，几乎都是以平台模式为主流。在中国的零售领域，拥有商品以及销售商品的零售商家只是屈居流通领域角落的配角，当主角的一直是那些提供流量的平台经营方，它们握有流量，决定着商品销售的走向，也掌控着流通领域的开关命门，回过头来，自然成为零售行业获益最丰的一方。无数拥有海外成功经验的跨国零售巨头，信心满满地进入中国，试图复制它们各自在国外行之有效的买手模式以拓展中国这个新兴的零售市场，最后几乎无一例外都碰得头破血流。

如何解读中国零售的这种流量经济现象，怎么更好把控信息时代效率与效益之间的权衡，更重要的是，在这种如火如荼苦心经营流量，为获得流量、刺激流量不断建群、建圈子、发帖、点赞行为的背后，其内在的驱动力和经营核心是什么？究竟电商仅仅是信息时代的一个过渡业态，还是逐渐接近行业终局的一个趋势？作为我

"看电商"系列的收官之作，这些是我希望在这本书里和各位分享的。就我本人的经历而言，以前我在实体零售，有关竞争的残酷性流传着这样一句名言：九十分是零售企业生存的及格线。换句话讲，如果不在精细管理上下功夫，力求做得比对手更优秀，你就没有存活的机会。后来我的工作转轨到了线上，电商的行话是：六十分万岁。也就是说：不要浪费太多精力在尽善尽美方面，抓住潮流，比别人抢先一步，哪怕再粗糙，也能占尽捷足先登的红利。这就是时代变化带给我们思维方式的改变，以及随之而来不同的商业价值观。

几十万热心读者和粉丝的鼓励，一直是我坚持写作的唯一动力。我本人并不以文为生，也不是专业的行业研究人员，有幸从行业发展的早期阶段开始，就一直从事和关注电子商务，参与并亲身经历了这个快速发展业态的建立和逐步完善，自然会有许多来自一线操盘手和管理者的感悟。许多读者喜欢读我的书，我认为不是因为书里有什么金科玉律，而是干货分享给予的启发。就像一位让我感动的广州读者给我的留言，他说：通过你的书，能真正了解电商在中国的发展脉络，能从日常繁杂的工作中抬起头来做一番思考。这恰恰是我写作这个系列书的目的。

本人多年来养成一个习惯，看一本书，不管它是厚还是薄，只要这本书中有一句话、一个段落能够启发我的思考，能够给我一个提醒，我就认为这是一本好书。同样地，我也不敢奢望这本书里的每一章节句句都是精髓，更不敢说每个看法与观察一定准确无误，但是我可以问心无愧地说，我是用我自己三十年零售行业的经验积累，和读者做一场实打实的干货分享。这或许就是本书的价值所在，它源于一线的经营实战，而不是指指点点的空谈说教。

借此机会，向所有在零售和电商行业努力工作和探索的同行们致以由衷的敬意。也借这个机会问候我这些年曾经一起工作的许多同事。零售从来不是一个轻松的行业，但我们的职业为众多消费者带去了生活的便利和丰富的色彩。

本书写作及出版过程中得到了东方出版社两位资深人士崔雁行、申浩的鼎力帮助，特此表达由衷谢意。崔先生为了这本书的结构梳理，几次和我深谈，他的专业能力和认真策划一本书的精神，让我深为敬佩。

开卷有益。希望本书，连同已经出版发行的《我看电商》其他几本著述，能够为有志于投身电商及零售行业的朋友们带来一些帮助和启迪。

黄　若

2021 年 6 月，北京望京

电商的终局

二十多年前，电商作为一种新型零售业态出现的时候，是以一个搅局者、革命者、破坏者的身份挤进零售舞台的。那时候电商人最时髦的一句话是：光脚的不怕穿鞋的。既然要以后来者的身份瓜分现有市场，最好的方法就是改变游戏规则，规则一改，原先的优势就不复存在了，你的机会就出现了。

不管在美国、中国、还是日本、韩国，电商都是这么干的。

借助互联网的全新载体，电子商务打破了零售千百年以来位置第一，商圈地理位置决定一切的行业法宝，所谓的 location，location，location，一切以门店位置为前提的经商准则被打破了。同时，品类管理这种在有限的物理空间内，通过对各个子类目的组合优化，实现销售最大化的逻辑也被电商人丢到了角落。实体零售的空间有限，在一个 3 米的货架上面需要尽可能丰富地陈列出各种洗发水，零售商们需要反复推敲琢磨，如何通过组合不同的品牌、不同的价位、不同的香型、不同的包装规格，尽一切可能满足各式各样消费者的不同需求。电商有如古代传说中的孙悟空，不知从哪个石头缝里一下子蹦出来，以前实体零售那些地理位置的独特性、排他性的优势不见了，根据有限的物理空间精挑细选的选品逻辑不再时髦了。借助于低成本大容量服务器的存储能力和没有地域差别的及时触达，电子商务攻城略地，加上在其早期发展过程中，踩着风险资本巨额资金补助的风火轮，以低价销售、补贴营销的方式掠夺市场，很快成为各种零售舞台的主角。零售这个古老的流通行业从传统的地面销售，演变成立体作战形态，被称为空军和陆军的对峙，空军攻城略地，陆军节节败退。许多人因此认为：地面部队再怎么厉害，终究打不过飞机导弹，电商空军呼啸而来，正是代表着零售的未来。

果真如此简单吗？就像无数人关于旅行的讨论，三十年前我们认为飞机是最快的，如今航天事业如火如荼，登陆火星或许就在可预见的未来。

哪怕就在电商行业内部，最近二十年间，电商也发生着急剧的变化。最开始的电商，是 PC 时代的电商。人们借助键盘获取网络信息，键盘需要用户的十只手指头输入，于是关键词成为早期 PC 时代最受电商重视的营销方式，也因此产生所谓的直通车，点击付费、

CPC、CPM 等关键词投放的营销手段，在用户以关键词作为主要购物搜索路径的年代，关键词优化成为那时候电商运营的一个重要岗位，PC 电商以关键词作为主要营销手段的时代，脱颖而出一批早期的大淘宝卖家们。

大约在十年前，互联网快速进入移动时代，手机成为人们网上购物最主要的使用工具，目前在国内各大电商平台，移动端的网上购物已经占到总营业额的 98% 以上，PC 迅速被边缘化。移动时代最鲜明的用户特征，就是上网工具的唯一性，99% 以上用户都是使用同一部手机、一个固定的 IP 上网，所以用户的爱好以及习惯更容易被追踪、被锁定。现在大家都在讨论大数据杀熟，在移动上网时代，这其实属于一个法律和道德层面的约束范畴，技术层面早已经不是问题了，因为移动端的 IP 是固化的，每位用户的每个动作，小到你通常都在什么时段上网浏览，哪个页面停留多长时间，更喜欢看图片、视频还是文字，这些都是很容易被记录和跟踪分析的。因此，移动时代的电商营销，更多地走向不同信息的推送，由平台根据对你行为的分析评估，推给你针对性强的商品广告或销售信息。既然这个时代人们已经不再习惯于用十只手指头嵌入搜索，用我个人的表述，移动掀起了一场从十只指头到两只拇指的用户行为变革。经过这次变革，网站后台的数据运算更加精准，完全能够记录分析任何一位用户的喜好，从他过往的购物行为清楚预判其潜在的购物需求，营销活动由此展开。以我个人作为一名普通消费者为例，我是葡萄酒的深度爱好者，当我打开常用的几个电商平台，或者上网浏览信息的时候，总会弹出或者插入与葡萄酒有关的商品促销信息或者相关的行业资讯，这就是最简单版的个性化营销的典型例子。由于这种借助后台数据运算带来的精准性，电商行业出现了所谓千人千面的新提法，就是在一个拥有1000位用户的顾客池里，移动端理论上可以有一千种不同的营销方案，针对这1000人做不同的投放。比起PC时代一条短信一个促销方案覆盖所有的人，移动端的投放精准度提高了，信息容量一下子也被放大了成百上千倍。移动电商的时代，商家们拼命收集和分析用户信息，试图从中获得更有效的销售引导，平台也通过容量的增加，获得更高的流量变现收益。

风水轮流转。移动之后，最近两三年，我们又迎来了社交电商这个全新的当家花旦。

与前面两个阶段电商由少数平台独大的现象有所不同，社交电商是一个由无数圈子分别构建而成的网络销售形态，分散多元，就像我们小时候玩击鼓传花那样，一个一个大小不等的圆圈，各自围着一堆人，中间有一个敲鼓的，边上一群人参与并起哄。如今的社交电商并没有一个居于绝对垄断地位的霸主，它是分别由达人、素人、大咖、粉丝相互关联而成的一种分享圈子，不论是内容的分享网站，从小红书，到知乎、抖音，或者是数不清的微信大号、直播达人，他们所做的其实都是圈子经济。在圈子内部，达人、KOL 以自己的形象、展示能力、个人的经验分享，成为这个圈子的带头人，圈子里面的其他人愿意听从他的召唤，也愿意在他的带领下一起热闹。在圈子外头，这个带头人则以圈子代表者的身份，去接洽广告，把所承接的品牌和商品带到圈子里来，进行粉丝营销，通过他的影响力推动网上销售。这几年的社交电商十分火爆，而且呈现出多元化的明显特征，如今网络上活跃的与电商交易有关的各种圈子数量，在全国以数千万计。每个圈子多达几千万人，少则几十人上百人，这是一种基于追随、互动、分享产生的网络销售模式，我把它称为"圈子电商"。

从上面的梳理我们看到，自从二十多年前粉墨登场到现在，电商从 PC 到移动，再到社交，到圈子营销，这么一步一步发展过来，每次的变革和新形态的出现都意味着行业的重新洗牌，也意味着新人入场上位的全新机会。

新的机会来自对行业发展动向的判断，所谓的卡位，对未来趋势做出判断，是实现弯道超车的最有效方法。今天我们探讨电商的未来，都是希望知道电商的终极业态到底是什么。

毫无疑问，这是一个价值千万美元的问题。

有一点是清楚无疑的，这个终极业态将发生于未来，因此它不会现成地出现在今天人们的脑海里。以今天的知识和思维定式去推论行业的未来形态，这样做毫无意义。尚未发生的东西，任凭想象，最多也只是虚幻。信息技术的加速度革命，使得人类未来的发展有着无穷尽的可能，未来的文明形态很大程度上将会超越我们今天的认知，既然人类飞出地球的日子都可能不再遥远，商业零售业的革命，一定会随着信息技术的突飞猛进孵化出我们现在无法想象的全新形态。

虽然我们现在无法确切地判断电商的终极形态，至少有一点我们已经看得比较清楚，也可以做出大致的判断，那就是，在可预见的将来，电商的终局形态将会继续朝着"人"的方向发展。我们知道，千百年来的零售发展史，从最原始的以物易物，到百货大卖场，再到网络平台，零售行业无不努力地追求获得更多用户，提供更丰富的商品，更便捷的交易手段，更实惠的价格，更优质的产品，更个性化的消费。总而言之，我们都在致力于让零售行业的经营更有效益。而过去二十年互联网环境下的电商发展，最突出的特征就是大家都在围绕流量，我们进入一个流量零售的时代，任何一个品牌、一家企业成败的关键，在于有没有流量。没有流量，再好的商品你都没有活下去的机会。流量的成本比别人高，你就得在竞争中甘拜下风。所以每个零售经营者从圈用户、圈流量，到追求流量的货币化变现，一切都围绕流量做文章，这是人们有目共睹的。

可是流量零售终究只是一个表象，它的背后是什么呢？

答案就一句话：流量零售背后真正的行业价值，就是今天这个时代零售企业对用户的直接触达，对用户需求的准确分析，对用户行为的把控能力，或者换一句话说，就是以人为核心的零售时代的到来，这也恰恰是本书后面章节将要展开的主要内容。

作为一名资深的零售从业老兵，我从过去二十年的行业变化，意识到"人的零售"时代正在来临。现在大家所津津乐道的社交圈子、直播大号，只不过是以人为核心的零售时代的阶段性热点，新的热点将会随着技术革命随时涌现并淘汰现有热点。从根本上说，零售行业连接的是消费者（人）与商品（物），它以建立生产与消费的流通渠道作为初始出发点（集市，卖场），一步步提高效益，追求规模化低成本，其侧重点也渐渐地从贩卖商品到维系用户，最后，那些能与顾客建立一体化关系的企业，终将成为产业价值链的整合者和组织者。

在我看来，这就是在可以预见的未来，电商的终局。这个终局展现的是这样一个行业的变革历史，就好比一座横跨小河的独木桥，桥的一端是物，另一端是人。物的一端以商品为中心，一切围绕商品的销售及延伸服务，我们称之为前信息时代；人的一端则是以人为经营中心，即今天所处的信息时代。如今互联网化的零售行业已经有能力无限接近消费者，与消费者高度重叠。这个重心从一端向另一端转移的趋势和加速度，是人类文明进步在流通领域的一种体现，意味着一个不断接近行业终局的过程，这也是作为我"看电商"系列的最后一本，希望跟大家一起分享和探讨的。电商的终局，就是一个个大大的"人"字，它们耸立在零售交易舞台的正中间，商品的稀缺与丰富，价格的高昂与低廉，将越来越成为销售的配角和陪衬，因为，只有拥有消费者（人），才是零售的终局追求。

第一部分

零售的核心

1. 极致零售与效率

对于今天生活在中国都市的年轻人来说，农业时代似乎已经是一个非常遥远的传说，但实际上它就近在眼前。农业时代在中国延续了两千多年，至今对于许多生活在这片土地上的人来说，印记依然。

我经常说自己是一个十分幸运的人，生长在一个特别独特的年代，在我短短五十多年的人生历程中，经历了人类社会发展至今仅有的三个不同时代：农业时代，工业时代，信息时代。几千年文明延续下形成的这三个时代，恰恰就在过去几十年间，在中国快速的经济发展中，浓缩一般地交替上演着。

小时候我生活在闽南县城，中学毕业按照那时候的政策规定上山下乡，到农村去当农民。那时候我所经历的是十足的农业时代的生活方式，亲身体验着那个时代的价值观、消费和零售行为。

农业时代最典型的特征就是一切围绕着土地，与土地打交道，是一种简单的重复再生产经济。农业时代，生产者和消费者一样，最主要的挑战是努力解决温饱这个最为基础的生存问题。每年收获的粮食，首先保证预留出来年播种的种子，然后上缴公粮，剩下的用来维持一家老小一年的生计。祈祷风调雨顺，是农业时代人们至高无上的愿望，上到皇帝拜天神下到农人们在田间地头供一尊泥菩萨，无不祈祷上苍保佑，切莫天降灾害，影响今年的收成。

而农业时代的商品交易所要解决的，首先是一个互通有无的问题，以物易物在我小时候逛集市的时候很常见。

在闽南农村，乡下墟集是最为典型的零售市场，大都设在每个村庄的晒谷场，或者大戏台前面，再不就是沿着小河边找一块固定的空地。我们老家那边的习俗，是按照农历日历，逢一逢五是墟集日，就是农历初一、初五、十一、十五……以此类推。到了墟集日，各家各户把自己生产的东西拿到墟集上"一"字形摆开，当然也有专业的小贩，通常推来一辆独轮车，或者用自行车驮着，上面放着针头线脑、牙膏剪刀什么的，供赶集的客人挑选。

农人之间的墟集买卖，虽然有用现金交易的，但是以物易物还是占了相当大的比重，尤其那时候许多东西都是要凭票供应的，布票、粮票、肉票、油票、香烟票，如果没有这些盖有公章的票证，单凭人民币很多东西是买不到的。农村的集市比较宽松，大家更喜欢以物易物的方式。这样的场景对于 20 世纪 90 年代后出生的新一代人怕是难以想象，但事实是，其交易形式存在了上千年，只是在最近四十年间才逐渐消亡。

当时我在闽南一个叫作古县的村庄下乡，我插队劳动所在的房东每次去赶墟集，通常要带上两样东西，一样是鸡蛋，还有一样是烟叶。鸡蛋几乎每家每户都有，成了集市上的硬通货，很多商品甚至都是用鸡蛋标价的，例如一颗芋头三个鸡蛋，一双手工布鞋二十个鸡蛋，一把上海生产的剪刀五十个鸡蛋，如此等等。

那时候我还是一个懵懂无知的小年轻，看着眼前的场景觉得很新鲜有趣。印象很深的，是有一次我的房东攒了三百个鸡蛋和五斤烟叶，准备拿到集市上交换两只刚出生的猪崽。他特别小心地用竹篮子一层一层地铺好稻草，然后将鸡蛋放到上面，生怕弄破了鸡蛋做不成这笔交易。

后来我踏入零售行业，不时会想起少年时代的这段经历。我渐渐明白了，这种集市贸易，说到底就是零售业态最古老的形式，解决的是互通有无的问题。在农耕时代的生活环境下，人们需要借助各自所生产出来的东西，与其他人交换用于满足自己和家人的生活所需。所以在那样的场景下，换得到东西、买得到东西是第一位的诉求，至于是贵一点还是便宜一些，大家并不是太在意。印象中有一次，当我的房东拿他自己种好晒干的烟叶试图去换两把镰刀的时候，本来说好的是两斤烟叶的价码，后来对方临时变卦，说要三斤，我的房东随手就给了，也没有多计较。用他的话说，都是自家种的烟叶，多一把少一把的无所谓，如果没有镰刀，秋收割稻子就成问题了。

后来我结束知青生涯回到县城，在国有工厂当了一阵子的工人，面对的是一台一台的车床机器，机械化生产的流水线。工厂是生产铝锅的，就是把采购过来滚成圆筒状的铝材铺展开来，用机器切开，打磨成型，锻造抛光，最后成品包装，交给市场。一下子我从农业时代的生活环境跳跃到了工业时代。这个时候人们的诉求也就大不相同了。风调雨顺不再是第一追求，不管怎么刮风下雨，厂房里面生产并不会受太大的影响，这个时候人们考虑最多的就是原料供应是否有保证，包装材料的成本高低，产品质量能否过关，整体的生产成本怎样进一步优化，等等。如果说农村生活让我明白有和无的货物交换概念的话，那么今天在这个工厂车间，效率成为至关重要的核心。没有效率，产品就没有销路，厂子就活不下去，工人就保不住饭碗。

效率的来源是什么？从发明、专利，到供应链优化，流水线的排班，每一个环节的衔接，都是影响效率的重要因素。

工业时代的零售追求什么？毫无疑问，追求的是同等品质下价格优化。换句话讲，同样一口铝锅，别人卖 20 块钱，你 15 块钱就能出手的话，抛开品牌附加值以及服务因素不说，就产品本身而言，你就处于有利的竞争地位。所以工业时代的零售，它的主旋律始终都是效率。在效率驱动下，诞生了像沃尔玛这样的零售巨头。沃尔玛的座右铭就是它那著名的四个英文字母：EDLP，天天低价。靠这个法宝，沃尔玛从阿肯色州一家小杂货店，拓展成为 20 世纪八九十年代占据全球零售头把交椅的行业老大，被无数人顶礼膜拜。而EDLP 这四个字母背后，体现的就是它孜孜以求、不断改善的零售效率。沃尔玛拥有众多的零售网点，同一件商品可以在几千家大型超市同时销售；它有自己完善的物流供应链体系，可以将产品从工厂直发各家门店，减少中间环节；它率先研发当时最为先进的库存监控系统，可以大大压缩每一间门店的商品周转周期；它同时拥有最为海量的采购实力，可以从生产者那里把产品的价格压到最低。沃尔玛是工业时代零售行业的绝对典范。在我看来，沃尔玛的牌匾应该由正反两面构成，正面是它的 EDLP，而背面则是"效率"两个字。对每个细节的极致效率追求，使得沃尔玛能够以更低的价格、更快的拓展速度，服务更多消费者的日常生活所需。试想一下这样的场景：卖一听可乐，从进货、库房出库、商品上架陈列到收银台扫描装袋，整个过程走下来，沃尔玛的零售毛利只有 5 分钱，而它居然还能从中挣得到利润，效率无疑是它取胜的最主要法宝。

从农业时代到工业时代，从乡下以物易物的集市到大型自助式卖场，其零售逻辑如果加以总结梳理的话，零售首先解决的是从无到有的问题，接下来解决更实惠、更丰富、更精良的产品，更好的服务，让众多消费者能够以有限的资金获得更多的消费。在这样的场景中，零售生态圈从商品的生产到消费，与之相对应的每个角色，其位置是固化的，这里面包括生产者、零售商、消费者。

进一步往下探讨的话，我们发现，**农业时代和工业时代，无论零售的销售形式发生怎样的变化，始终围绕着一个最为基本的核心：商品**。从设计并制造商品，将商品呈现出来，到商品本身的不断优化改良，让交易的方式更便利，途径更舒适，价格更实惠。虽然我们看到零售交易场所发生不同物理空间的迁移，从室外的露天集市，到大棚的自由市场，再到室内超市、大型百货公司，拥有停车场、餐饮娱乐的购物中心，但是仍然万变不离其宗，通过一个固定的物理场所，把商品呈现出来，供人们挑选、购买消费。在这个交易买卖场景里，商品是核心，买方卖方都是围绕商品展开。作为一个商家，追求销售过程效率的优化是成败的关键。这样的画面在我脑子里浮现出来的一个词，就是"极致"。把效率做到极致，就是你作为零售商的核心竞争力。

在效率极致化方面，工业时代已经到登峰造极的地步了。工业时代，我们拥有机器、厂房设备、专利，我们可以用不到 0.01 分的成本生产螺帽、针头、毛线，这在农业时代靠手工作业是无法想象的。同样地，靠着追求效率的工业时代的不断发展进步，零售可以把从千里之遥牧场里奶牛挤下来的牛奶，打上包装，通过冷藏供应链送到消费者手中，一升牛奶甚至和一瓶饮用水售价相差无几。

按理说，效率做到如此极致，零售已经没有多少进一步改进的空间了，产品的生产成本持续降低，物资空前丰富，接下来，就靠品牌溢价、靠新的款式和原料组合来刺激和拉动销售。因此，品牌营销、新品研发成为工业时代后期大型零售企业追求的制高点。

那么，极致效率的软肋在哪里呢？

在追求极致效率的工业时代，从生产到零售都无法解决一个问题：针对性。或者更准确地说，带有灵活度的针对性。例如，大型零售商可以一年卖出两百万条牛仔裤，可是充其量也只有二十个款式、八种不同的尺码而已。因为流水线的生产，追求效率的背后需要的是批量化、规模化。手工制作是个性的，但手工制作无论是成本，还是供应量，都无法满足工业时代大规模的零售市场需求。

当物资供应处于从无到有阶段，在人们还在为温饱而发愁的时候，商品雷同这样的问题对于众多消费者来说并不那么凸显。我小的时候看到大人成亲，标配就是热水壶、脸盆，款式都一样，容积容量也相同。那个时候全中国所有的年轻男女，最时髦的就是拥有一双白色的回力鞋。

可是现在这一幕不行了。为什么？信息时代来了。

很多人都在议论二十年前还如日中天的沃尔玛，为什么现在越来越显出颓势，有一种日薄西山的感觉。这方面的分析很多，在我看来，或许一句话可以解释这一切变化的根源：游戏规则变了。

沃尔玛大卖场是工业时代的产物，它代表着工业时代零售的最高典范。今天我们已经进入信息时代，在这个时代大潮里新涌现出来的优秀弄潮儿，亚马逊、阿里巴巴，显然在对于信息时代零售本质的理解和把握方面要远远胜过沃尔玛。

信息时代的零售与前面两个时代有什么根本不同呢？说来说去，不管什么时代，做零售的不就是要把商品卖给消费者吗？

道理没错。这里最大的不同就是，**信息时代的零售核心，不再是围绕着商品，而是围绕着选购商品的消费者——人**。

以人作为零售核心，在前互联网时代是不可行的。首先信息的收集具有滞后性，零售商也好生产者也罢，都没有办法实时捕捉消费者多方面的信息。其次在追求规模化、追求效率的时候，个性化并不是最优先级的考量。还有一个最主要的客观原因，当绝大多数消费者还处于温饱阶段，无法解决生活基础问题的时候，不会有人去过多地关注个性化，就像你面对一群饿着肚子的灾民，需要向他们提供馒头米饭，你不会去考虑什么颜色的外包装。信息时代零售的大背景就是整个社会物资高度丰富，产品多元化，供过于求。我始终记得多年前我在淘宝工作时接触到的一个数字，当时在淘宝上架销售的所有宝贝链接，每个月至少有一次展示机会的，大约只占在售宝贝总数的3%，换一句话讲，97%的在售产品连一次被浏览的机会都没有。

　　工业时代的效率、规模，带来的是生产力的飞速进步，供给能力的快速提升，这无疑是人类社会向前发展的一次飞跃，让我们摆脱了几千年简单重复再生产的低效率。然而在物资高度丰富以后，针对性成为零售最主要的课题。而提高针对性，解决虽然具有规模和效率但匹配度差的问题，互联网平台毫无疑问更胜一筹，这就是我们今天看到的电子商务真正的威力所在。有人分析说，电商使得购物更为方便快捷，产品更加丰富，这些固然不假，但它从本质上超越工业时代实体零售的撒手锏，是销售定位、用户定位、推广定位的针对性和精准性。仅仅是便利、便宜、商品丰富，不足以支撑一个新型业态的革命性飞跃。不同的消费者，对便宜和便利都会有不同的定义，我86岁的老母亲一直认为，在她居住小区楼下门口的那家便利超市，就是她作为消费者购物最方便的场所。而实体零售，因为物理空间的制约，没有办法提供像电子商务这样多维度的包容，去适应不同消费者各自不同的购物需求，恰恰在针对性方面，电商完胜实体零售。在淘宝上人们可以买到新西兰海滩的沙子、德国产1980年款奥迪100型轿车的保养手册，我也可以替我105岁的祖母量身定制一套签名款的祝寿瓷器，订单量只有区区十套，这些灵活运用的针对性，都是工业时代规模化零售无法比拟的。也就是因为这个针对性，电子商务如今站到了整个零售业态的制高点。

这其实是平台模式下共同经营体协作下产生的综合效益。换一句话讲，沃尔玛依凭其经营效率在工业时代超越对手脱颖而出，今天电商平台恰恰是以群体效益超越了曾经的零售之王。在这个信息时代的零售舞台上，平台靠无数商家的判断对阵沃尔玛的资深买手，靠多方位解读销售者需求对抗最强的供应链组织，靠牺牲单体效率的代价换来契合市场的效益最大化。

有一个值得关注的现象，为什么那么多以效率著称的国际知名零售企业，沃尔玛、百思买、百安居、麦德龙、家乐福、特易购，几乎没有例外地在今天的信息时代都落败于中国？中国文化其实是不擅长效率的，我们有太多不严谨的规范制度，太多关卡和人情账，仅仅在北京一家购物中心租赁一处 40 平方米的小店铺，开业前各种装修、上架、招聘，商家需要申办十多道手续，盖无数个印章，这样的零售环境基本与效率无缘。所以在工业时代，中国本土零售打不过洋零售，而现在信息时代大家拼的是"用户，消费者"，是人，是更及时的动态调整、更灵活的营销策略，平台模式的群体效益优势就体现出来了。毕竟，再优秀的买手，一个人也无法抵抗几千个商家和你一同争抢市场，哪怕这几千个商家阵亡率很高，但其群体效益远远胜过你一家卖场的效率独角戏。何况，效率的挖掘潜力在于标准化、流程化，在以商品为零售核心的工业时代，这是规模生产和大型零售的独到优势，而在以人为零售核心的信息时代，有效率的东西未必能产生好的效益，这是我们从中国电商平台模式战胜零售买卖模式的实践中看到的。

当然，任何时代新模式的发展有它的闪光独到之处，同时必然也会有它的制约因素。信息时代的互联网零售如此风光动人，一路杀将过去尸横遍野打败无数对手，难道它就没有困惑的地方吗？有的，不仅有，而且制约因素比起农业时代、工业时代的零售来得更为致命。那就是当零售围绕着消费者"人"运作的时候，人是可变的，具有很大的不确定性。以前农业时代和工业时代，零售围绕的都是商品"物"，物是相对固定的，容易被清晰量化的，例如如何提高产能，怎样优化效率，如何改善存储空间，减少包装成本，等等，这些都是有可以量化的依据的，如同有刻度般的标尺可以衡量和分解，而今天当零售把人作为核心的时候，人恰恰是可变的。所以工业时代的沃尔玛超市可能会沦为二流选手，但是它至少还能继续生存数十年。而互联网零售，一旦失去对用户的把控力的话，从鼎盛到衰亡则是瞬间的事。远的不说，就我们所熟悉的例子，聚美优品、凡客诚品、麦考林服装，这些几年前还炙手可热的中国电商企业的名字，今天对于"00后"用户来说，几乎不曾有什么印象，它们就像天上飘过的云朵，一阵风吹过，消失了。谁又敢说，现在如日中天的京东、阿里，不会在下一个信息化浪潮的变革中因为没有抓到热点而被用户快速抛弃？也正因为如此，追求效益最大化的信息时代零售，具有更大的不确定性，任何企业都不再有可以高枕无忧的防火墙，因为，你的效益可能会随着消费行为的变化和热点的转移随时消失。以品牌、特价、限时经营为效益红利的唯品会曾一度风头无两，但受到低价品牌拼多多、直播带货视频购物的冲击，很快就优势不再。如今风头最劲的是那些以图文或视频方式做内容分享的社交型网站，这些平台如果用传统意义的效率性衡量一点都不出彩，大量重复的内容，浮夸的宣传和广告满天飞，但它抓住的是人的气场，能够让无数参与者津津乐道，在其平台上浏览点击分享，从汇集潜在消费者的营销效益来说，它对商家的吸引力甚至超过传统的电商平台。

2. 人的时代

这是一个我亲身经历的真实故事。

有一位"90 后"的创业者苏小姐，她来自一个零售之家，父母原本是做实体服装零售的，经营了 20 年，在河南安阳开了 5 家时装专卖店，生意还算稳定。前些年受到网上零售的冲击，2020 年的新冠肺炎疫情更是导致销售低迷，苏小姐的父母只好把零售的主要舞台搬到了线上。苏家做服装销售的生意，主要的款型都是自己设计并委托加工生产的，可以说是从板型裁剪、生产到销售的一条龙自有品牌零售企业。苏小姐大学毕业以后在外面工作了 3 年，2019 年夏天接手了父母的生意，她把线下店该关的关，该停的停，只留下一间实体零售样板店。在她接手半年后，线上销售翻了三倍。我很好奇，再三追问是什么原因，苏小姐告诉我，其实很简单：纽扣。

纽扣？我有点蒙。

是啊。对方告诉我，他们的服装主要面对的是年轻女性，在售款式加起来有二十几款。别的商家更注重每季推出新的款型、新的面料，苏小姐认为那是一片红海。研发新款式周期长，不确定性强，而且设计也不是他们真正的强项。在销售中苏小姐注意到，购买他们家服装的，是一些赶时髦爱美的三、四线城市的年轻姑娘，于是她就想到了一个出发点，推出个性化的纽扣配置服务。对于在售的每一款服装，分别配有大约两百种不同的纽扣供顾客挑选，从材质、形状、颜色，到更加个性化的创意应有尽有。你可以把你选购的一件服装，依照自己的风格和喜好，钉上翡翠纽扣、金属纽扣、石头纽扣、木质纽扣，也可以把你心上人的相片、你中意的定情物，例如你和恋人一起在外旅游收集来的黄山的松树子、北戴河的鹅卵石，等等，做成衣服扣子。这样一来，所有人都觉得苏小姐家的服装有特色，能够适应不同的穿衣场景和消费喜好。

在以人为核心的互联网零售时代，这是一个典型的运用例子。我曾经用三句话总结今天信息时代零售行业的变化与特点：

第一，从销售为王走向流量为王。追求销售量一直是零售的主旋律。长期以来，交易量、成交金额都被认为是零售企业最重要的考评指标。在零售界有销售量就有话语权，销售为王的价值观诞生了美国沃尔玛，法国家乐福，英国百安居，中国的物美、华润、国美等零售巨无霸。在实体经济场景下，销售量代表着一家企业的地位和价值。而在今天信息时代背景下，销售为王正让位于流量为王。如今我们看待一家公司不再仅仅看它有多少交易额，更关注的是它拥有多少有效用户。也由此刺激了众多资本通过投资早期创业企业，狂轰滥炸式地掠夺新用户，并以此作为公司估值的基本依据。这种在信息时代流量为王的转变并不仅仅是互联网独有的场景，线下购物中心就是典型的以用户量为经营维度的零售模式。换句话讲，零售商从简单的卖货转变为不断的"卖人"、卖流量。

第二，从品牌为王走向互动为王。今天的消费者不再仅仅是被动地接受信息，被触达，被灌输，他们成为销售链条的参与者。工业时代的营销是单向的，运用电视报刊广告做宣传，就是传播的典型路径，商家都在大型媒体投放上下功夫，电视台、路边广告看板成为品牌商拓展销售的最主要阵地。消费者只能被动地接受信息，实在不喜欢，也顶多就是视而不见。信息时代，消费者走到了营销场景里面，既是购买者也是传播者，从参与商品与服务的评价，到为自己所喜欢的品牌转发推荐，消费者以其自发行为，通过原创的文字、音频、视频多种方式分享或转发自己的使用感受，无形中成为品牌建设的参与者。互动为王时代的到来，对于品牌营销是一个全新的挑战，以前靠几家广告公司强力推送的套路不灵了，新的传播方式，借助分享、点赞，营造出更能煽动消费者的场景。也因为互动分享的重要性，出现了一句信息时代的营销名言：网上销售出现差评固然不好，但比差评更糟糕的是没有评论。今天的零售因为用户的参与有了温度，而温度决定着一件产品的走向和销售潜力。

第三，从价格为王走向个性为王。零售长期以来靠价格驱动销售，零售商大多以低价、打折来吸引用户，提升销量。在价格为王的时代，同样质量的商品，谁卖得更便宜，谁就是"王"。沃尔玛作为工业时代零售界的标杆企业，所倡导的零售精神正是将生产（始端）到消费者（终端）之间的流程效率最优化，使消费者能以更低的价格购买到高品质的商品。"EDLP"这样一个简单的字眼，代表着工业化时代零售人对极致效率的追求。信息时代，面对商品高度丰富、供应过剩、消费人群走向富裕的大环境，人们不再满足于有咖啡喝、有肉吃、有衣服穿，他们需要更好的商品、有特色的服务。当社会的主力消费群体还处在从无到有的阶段时，提供优质低价的东西最能吸引他们。但到了从有到好的时代，消费者不愁喝得上咖啡、吃得起肉，这时候个性化的需求就突显出来了：我需要有机豆浆，你追求破洞牛仔衫……个性化消费特征成为新热点，表现在追求时尚，追求热点，追求健康，追求养生，追求简洁，注重环保，追求消费观的匹配等等，突出的是以消费者的个人消费观/价值观为核心的消费选择和消费追求。此时，人/消费者成为零售场景中的主体，物只是服务于这个主体的延伸品。

流量为王，互动为王，个性为王，代表了信息时代零售行业的新特点，适应的是更加富裕、更加注重自我的消费者全新的消费特征。而规模、品牌、价格，作为工业时代效率化产物，依然重要但正在渐渐退出 C 位。换句话说，信息时代的零售，需要有销售规模，有好的品牌效应，有价格优势，但仅仅凭这几点，不足以脱颖而出。

前一阵子媒体上很热衷于新零售这样一个提法，这个概念本身是不严谨的，因为新与旧只是一个时间诞生点的概念，一款新研发的产品、一件新衣服、一个新设计，在今天看来是新的，过了一阵子，新的光环就不复存在。同样地，我们今天说新零售，仅仅从形式上解释，是试图描绘线上零售和以前实体零售相比较，如果借用这个概念的话，民营零售在 80 年代，连锁零售在 90 年代，同样都是那个时期的新零售。新与旧如果只是一个时间轴的衡量，没有太大意义。我们每个人都很清晰地感受到，今天零售是进入人的时代的零售，这是不同于农业时代和工业时代以物为核心的零售框架。那么，到了以人为核心的零售时代，产生的首要问题就是，在今天，我们如何评估一家零售企业的能力与价值。以前工业时代，我们通常是以经营效率、以低成本运作的管理能力，以 P/E 即市盈率倍数来评估一家零售企业，那么今天是什么？

答案很清晰明了：是一家零售企业获得零售用户的能力，也就是我们常说的，拥有多少活跃用户，即流量，人，作为消费者的人。我们对这一个个不同主体其消费需求的了解和把控能力，正在成为零售经营的核心。在这样的零售时代，我们讲究用户的直接触达，我们在意分享、互动，我们需要不断提升潜在消费者的购物体验，我们试图引进和改善围绕以人为中心场景的营销氛围，例如视频、创意展示，等等。

当我们进入以人为核心的零售时代，消费者第一次站到了零售舞台的正中央成为主角，他们不再是一个个被分析被解剖的个体，不再是置身场景外被零售商拿着统计数字去做比对的对象，而是一个个鲜活的参与者，诉说着他们的喜好、他们的追求。

千百年来工业时代零售行业最核心的角色是买手。所谓买手，就是具有极高专业化知识的行家。对供应链有通透的了解，通过对过往销售数据和潮流趋势的预判，去选定某个款型、某种规格，进而深入供应链，把产品制造出来，呈现给目标消费者。换一句话讲，买手扮演的是替消费者做商品筛选的角色，这也是多少年来以沃尔玛为代表的零售行业成功的奥秘。市面上有几万款不同的 T 恤衫，几十万种牛仔裤，几千种不同形状的苹果，好的买手善于从中挑选出最好的 T 恤衫、牛仔裤、苹果，从中优化供应链的各个环节，介绍给消费者，保证消费者拿到的是质量最优、价格最实惠的产品。如今，这个多年行之有效的买手制在互联网时代遇到了天大的挑战。

消费者说：为什么你要帮我选？为什么不可以让我自己选，或者通过浏览我朋友圈的推荐来决定我要什么？

当我们说以人为零售核心的时候，我们其实提出了一个需要从全新角度思考的问题，就是把零售的商品选择权，甚至定价权，更大程度上交给消费者。信息时代使这种权力的交予变得可能，不仅仅因为信息传播四通八达，更在于互联网上各种社交群，朋友之间的互动分享，晒图点赞，形成无数个准确而又极具针对性的需求圈。这也是为什么，今天我们看到几乎所有的社交网站都毫无例外成为零售商最为关注的一个营销阵地，像中国的 b 站、小红书、抖音，美国刚刚兴起的 Clubhouse，林林总总。

这个时代的零售，效率固然重要，但它正让位于一个更加难以捕捉的东西——情感。情感零售成为今天的新现象，大家都在关注爆品，关注网红，关注直播，关注粉丝经济，说到底，这些个人 IP 驱动销售的背后，大多是一份消费过程中的情感诉求。

我一直记得一家网络商家卖两把牙刷的故事。48 元两支牙刷，上线两星期销售几十万份，我很诧异，特意下单想看个究竟。商品收到后，发现东西本身很普通，与市面上的同类牙刷相比，在款式、造型、材料或者包装上都没有什么特别出众的地方，打动人的恰恰在于随牙刷附赠的一张精致卡片，上面的一行字让买家赞不绝口：每天早晨陪你醒来，每天晚上伴你入睡。这就是以人为核心的零售时代消费者特别在意的情感驱动。情感使得零售不再是冷冰冰的一件一件产品，而是一段有故事的消费，一次兑现自己喜好的满足。

这种人的时代的零售，围绕情感，追求消费过程中的温度，使得今天的零售更多地体现多元化以及不确定性。

所谓多元化，就是很难有一个零售通路，或者一款产品能够触达以及打动所有的用户。各种各样的论坛、平台、网站，成为消费者获取信息的直接场所，在一个场子里热卖的东西，放到另外一个场子里可能无人问津。不确定性则表现为消费者情感诉求随时发生变化以及由此带来的产品热销周期缩短，所以捕捉网络热点成为信息时代网络零售的成败关键。红极一时的折扣电商网站如今走下坡路了，再好的打折，终究抵不过社交网站的达人、素人引导。而以人作为核心的互联网零售经营的第一要素，就是获取用户，这也就导致在今天中国的电子商务，流量零售成为最受关注的核心指标，一切都是围绕着用户的流量和活跃度展开。很多人不明白为什么靠着几台服务器，连年亏损的电商企业，其市值能够几十倍于拥有几百家实体卖场，每年产生稳定利润的线下零售公司，因为，这是一个拼用户价值的年代，再好的销售数字，都没有持续上升的用户指数更富有想象空间。

3. 流量经营的奥秘

　　中国零售是一个流量驱使的零售，这一点毫无疑问。我经常接到来自华尔街以及全球各地投资人的咨询，无数次被问到的一句话就是：中国零售发展如此快速，其最大的特点是什么？对此我的回答一直是：了解流量，是掌握中国零售实质的一把钥匙。都在说中国特点，流量零售就是中国零售业与其他主要经济体相比最为突出的一个特点。

　　我们知道，零售是一个从产品生产到最终消费中间的流通领域。工业时代诞生的大型零售，为了提高效率，减少中间环节的费用，纷纷采取买手制的商品运作体系。这里面有一个特别重要的名词叫作物权转移，当一家零售公司通过它的专业买手把一批货物从品牌方或者生产方购买过来以后，这批货物的物权就转移到了零售商手里。买手制几乎打遍天下无敌手，世界上的主要经济体，欧洲、美国、澳大利亚，哪怕和我们邻近的韩国和日本，都是通过买手制来构建零售业态的核心。

买手的能力，首先体现的是其选品能力。怎么去挑选最适合目标用户的产品，从服装的款型、颜色，到餐桌上是全脂牛奶，或者脱脂牛奶。

其次体现在成本优化。通过选品，在林林总总几千款产品中挑选最合适的一款或者数款，集中采购，商议一张大订单，压低生产和运输环节的一切可能费用，实现单位采购成本的最低化。关于这一点，广东、浙江、福建沿海那些主做外单生意的厂家是最有体会的了。一款零售价 2 美元的打火机，欧美买手采购的时候不到 10 美分。

除了生产制造和运输环节的成本节省，买手制的第三个特点，是零售商直接触达终端消费者的能力。通过减少中间的流通环节，降低流通领域的费用，进而实现低价销售运作下零售商的基本利润空间。因为买手都是直接深入到品牌方或者生产端的，那些中间环节的经销商、批发商、渠道商层层加价的现象被消除了。所以买手制的这些特点，决定着欧美零售可以用更低的价格把商品直接送达终端消费者的手中，这是他们一直追求的终极目标，也就是通过不断提升零售效率，来实现商家和消费者共赢。

中国零售则走上了一条截然不同的道路。中国零售长期盛行的是一种所谓的平台路线。例如线下的万达、大悦城，线上的天猫、拼多多、京东 POP 平台，以及无数的直播网红店，都是流量的二道贩子。买手制零售在中国零售市场，一直未曾占据主要销售比重。这种平台模式的零售经营方，它不承担选品的风险，不用操心库存的积压。它也不介入定价高低的决策，只是致力于把尽可能多的目标用户汇聚到一起，设法让用户保持足够的活跃度，把场子做热闹，再让商家进来摆摊卖东西。打一个不太恰当的比方，这就好比要组织一场竞技比赛，买手制是挑选最优秀的运动员走上田径场的 400 米跑道，与其他对手逐一较量高低。而流量零售，更像是经营一个竞技场，邀请观众和选手入场。

任何事情都有它的优劣，也都有它存在的必然性。买手制的最大优点，毫无疑问的是追求极致效率，降低产品成本，优化销售单元的流通费用。同样是卖 100 万条牛仔裤，在买手制的沃尔玛模式下，可能只需要一名买手，一张付款支票，一只集装箱运送，即可同时陈列到几千家门店进行销售。而在平台模式下，同样的这一批产品，可能需要 500 个卖家，中间经过数十个中转环节。毫无疑问，后者的采购成本和流通费用率要远远高于前者，而成本和费用的增加，势必最后是由消费者埋单的，这也就解释了为什么很多产自中国的商品，从服装、箱包鞋帽到家居用品，漂洋过海到了欧美，那边的售价甚至远远低于同款产品在中国国内的售价。

平台零售依靠的不是商品，是流量。所以长期以来，位于中国零售舞台中央的主角，并不是拥有商品物权的零售销售方，而是拥有流量的零售平台经营者。因为流量的总数是有限的，流量的背后是一个一个消费者，它不像买手制下的商品可以被无限制制造、生产、延伸。所以当平台零售方获得流量的垄断地位，例如在线下拥有全国 1/10 的购物中心卖场面积，在线上拥有超过 30% 的网购人群，这个时候其流量变现能力就出现了几何级数的增长。这就解释了为什么如今在天猫、京东平台做生意，类似服装、箱包鞋帽、化妆品这些传统高毛利的品类，销售方居然要支付零售价格的四到五成用于购买流量，而所谓的直播网红们一上来就是 50% 的流量收费标准。流量高度集中的商业模式下，做买卖的商家们利润几乎被榨干，肥的是流量的拥有者，几大电商公司、大型购物中心经营方，以及那些拥有千万级粉丝的网红，他们赚得盆满钵满。

面对这两种截然不同的零售现象，中国的流量零售和欧美的买卖制零售我们如何判断？

我在日本大阪附近的一个小镇，曾拜访过一家营业已经 120 年的化妆品小铺。这家家族经营的店铺面积只有大约 50 平方米，在小镇的商业街上，传承至今是第五代。它所贩售的商品，一直以来就是女人的梳妆用品，在店铺最显眼位置摆放的就是一张老式的木质梳妆台，据说是 120 年前店铺创始人放在那里的，一直沿袭至今。

第五代店铺女主人告诉我：我们从祖上开始，做的就是围绕女人化妆美容有关的那些东西，我们这里所展示的场景，就是当一位女性坐到梳妆台前，如何让她用 20—30 分钟时间，为她一天的生活带来更多的美丽、色彩、欢快。因此，我们的产品，从梳子、镜子、粉底眼霜，到棉签发卡，一切都围绕着这 1 平方米空间的场景展开。

类似这样的零售店铺和固执的经营理念，在中国基本上是见不到的。中国基本上没有真正意义上的百年零售企业，即便个别例外，也只是存了一块空牌子而已。我由此想到，为什么欧美包括日本如此盛行的买手制在中国就走不通呢，为什么就连超市大卖场销售蔬菜水果，几乎所有国外零售都是由自己的买手统一采购，而在中国则是承包给了一个一个小商贩，卖场自身只是充当收费服务和贩卖流量的角色。

多年后我大致明白了其中的缘由，这种不同的根本原因在于，买手制零售追求的是效率，而在中国效率大多时候是一个不被重视的环节。很多时候，我们跟别人相比，我们喜欢讲绝对数、规模，而不提百分比。例如以前打一场仗，我们不说对方伤亡率是百分之几，我方有百分之几，我们说毙敌八万人。建设公路我们不说平均每平方公里承载多少运量，而是说我们在五年之内建成了多少公里的高速公路。零售也是如此，我们不会说我们的库存周转平均是多少天，我们每平方米卖场的销售产出跟对手相比处于什么位置，我们喜欢说过去一年我们增加了两千款新品，这家卖场吸引了几百个新商家入驻。看看，这些熟悉的报道口径其实都在提示我们，一直以来，我们觉得速度与规模比效率来得重要。如果这是我们商业经营的传统基因的话，那么我们的零售行业，形成以流量为核心的独特模式，也就不足为奇了。

很多年前有一次我在德国拜访零售同行，对方是一家折扣连锁店的老板，已经60多岁。双方见面时，我提了一个问题，我说：中国这些年的经济发展很快，我们公司每年的零售业绩指标，基本上都能够实现120%以上的完成率，其中优秀的部门，大概只需要半年的时间就能完成全年的业绩指标。对方用一种无法理解的眼神看着我，说道：这不是一件好事。要么制定目标的时候马虎大意，要么实际操作中掺杂水分，否则这本身就是一个说不通的道理。那次交谈的场景，我至今历历在目。对方是一位严谨讲究效率的企业家，他无法理解我们可能通过多做了几场直播，抓住了一个热点，就能实现海啸般的流量涌入，销售因此出现井喷。

买手驱动的买手制零售核心是追求效率，而这带来的必然副作用，就是保守。因为买手下一张订单多达几十万件，再好的专业选手，一颗脑袋对瞬息万变市场的把控能力也是有限的，而流量经济以放弃对效率的追求为前提，它所带来的好处，就是适应性强，能够在第一时间快速地把握消费市场的最新动向、最新脉搏。1000颗普普通通的脑袋汇集在一起，一定胜过 1 颗最聪明最有智慧的脑袋。尤其是在互联网信息流通极为发达的大环境下。

今天在中国零售市场上最了解消费者消费新动向的是哪些人？毫无疑问，是在拼多多和淘宝平台上的那些小卖家。前几年中日钓鱼岛争端，这些卖家能够在事件爆发后的几小时之内推出"钓鱼岛是中国的"车贴，供给那些买了日本车又担心在民族情绪激奋的时候被人砸车的车主。中国女排夺冠第二天，用夺冠颁奖现场的照片做背景的 T 恤衫已经在淘宝率先上架，抢的就是这波流量。买手模式下再好的效率，都比不过抓住热点先行一步的营销优势。

流量本身最明显的特征就是它的工具属性，换一句话说，对于零售商、品牌方，或者任何类型的卖家来说，流量就是一个销售工具，是公开可获得的。但问题在于，这个工具的价格高低，不由使用方即卖东西的商家决定，而是由提供工具的那一方，即平台经营者决定。商家所能做的，就是琢磨怎么更好地使用这个工具，让它有更理想的投入产出比。电商的所谓漏斗原理，从访客登录，点击搜索，到加入购物车，结算支付，一层一层的转化率衡量，体现的正是对流量工具运用有效性的关注。

流量零售模式很难在零售效率方面抗衡买手制零售，因为无数人参与其中，势必总有许多商家错误的进货、错误的定价、错误的营销、错误的经营损失，所以流量零售模式下商家的更迭更为频繁，其零售更加显示革命性的剧变特性，而不是改良型的零售。因为流量的热点很可能瞬间发生变化。

我曾经读过一个报道，说在日本的一个小城市，30 年前开张的零售店如今还在营业的，大概有 70%。如果我们拿一个中国的地市级来做同样的采样比较的话，我估计一定寥寥无几。为什么？因为既然你的零售是靠流量驱动，销售方本身并没有能够吸引消费者到你这里来的排他式的理由。

当我说中国的零售不是一个以追求效率为目的的行业的时候，很多人或许觉得听上去有些沉重，但是且慢，我们想想为什么？既然我们的零售效率不高，那么为什么我们能够在短短的 20 年间，成为全球最大的电子商务市场？在工业时代，我们的零售远远落后于美国的沃尔玛、英国的百安居、日本的高岛屋，而今天在信息时代，我们的网上零售能够快速超越其他发达国家，其中很重要的内力驱动，就是我们独特的零售模式——流量经济，平台模式。

工业时代的零售围绕商品做文章，商品是静止的，可以被细细地分析丈量，可以通过效率的提升获得行业优势。而信息时代的零售，它的核心是人，购买者。人是变化的、流动的，他是无法被任何刻度标尺加以切割分解的。从某种意义上说，买手制零售围绕的中心是物的优化、物的效率提升，它更适应的是工业时代的规模零售体。而流量零售围绕的是怎么研究人，如何把购买者的需求找出来，满足人的购物欲望，提供最好的消费引导，这样的特性势必使得流量零售更加贴合时代进而脱颖而出。换句话说，追求效率是卓越零售的目标，但如果这种效率缺乏针对性，其卓越也就无从谈起了，这恰恰是我们今天互联网时代以电子商务平台模式为主力的新型流量零售模式，正在上演的故事。

毫无疑问，流量零售经营是需要付出沉重代价的，这个代价，说白了就是淘汰、阵亡率。淘宝网平均每年有 20% 的卖家经营不善被迫关闭，各大电商平台新品存活率只有三成，这些都是流量零售导致的社会成本。欧美公司信奉百年企业，其根基牢靠，具有良好的效率支撑，但是一副保守的模样，难以适应快速变化的信息时代零售弄潮。中国零售以平台模式为主要阵地，靠流量驱动交易，商家死亡率高，商品快速被淘汰，好比一片尸横遍野的战场，但对于一个快速发展的社会，其调整和适应能力无疑是最强劲的。何况零售本来就是一个推陈出新的行业，死亡何尝不是凤凰涅槃呢，快速淘汰更替，本身就是新生命孵化的过程。正是因为我们的零售业态靠流量驱动，带来较高死亡的同时，迫使中国的电商行业更加贴近市场，把控消费动向的嗅觉更加灵敏，创新意识更为强烈，从这个意义上讲，中国电商以牺牲效率为代价，以接受高费用率、高阵亡率为前提，换来的是买手零售模式所无法实现的高速增长和更广泛的用户渗透，进而在不到 20 年内，从零开始快速成长为全球体量最大的零售体。

4. 免费的本质

老话说：天下没有免费的午餐。

这句话到了互联网时代，似乎有些不合时宜了，免费视频看大片，免费开店卖东西，免费使用共享单车。如果各种各样的免费还不足以打动人的话，接下来更有甚者，补贴式的超低价销售，一箱成本 80 元的啤酒只需要 20 元就直接送到你家里，一部 iPhone 手机在某多多下单购买比市价低 500 元，前提是需要你拉来三个新用户和你一起拼单。如果你给自己做一个小小试验，在手机上下载几款购物 App 软件，几乎毫无例外地都会向你推出极有吸引力的免费或者红包补贴弹窗。

都说无利不起早，商家也绝非傻瓜。争先恐后推出免费政策、补贴销售的背后，真实的原因无非两个字：圈人。以免费和补贴作为营销手段，获得用户，刺激用户，留住用户。

因为今天，比起销售产生的利润，用户数量是更有价值的东西。

工业时代评估一家零售企业的价值，最主要是看它的赢利能力和市场规模，英文表述的 P/E 即净利倍数市盈率，不同行业企业市盈率的倍数不尽相同。通常来讲，越是高增长的行业，它的市盈率倍数越高，越是基础设施的行业以及成熟行业，其倍数相应较低，这体现的是资金的投入产出比。工业时代的零售企业，大致维持在 15 倍到 25 倍之间的市盈率，也就是说如果你今天投入 100 块钱，15 年到 25 年以后，能够把本金收回来。在其他因素不变的情况下，一家企业的赢利能力提升，就意味着这家公司将获得更高的估值。

如今到了以新科技为代表的互联网时代，上述 P/E 的算法似乎失灵了。互联网时代，大家追求的是用户规模、用户占有率、活跃度。直接用一句大白话说，互联网是一个数人头的公司，不管你从事电子商务、在线通信，还是其他娱乐消遣，你的经营模式、未来赢利能力都可以慢慢摸索，资本市场对你企业价值最核心的考量，就是你有多少用户，他们的活跃度如何。

资本从来都是一只变色龙，它知道在什么时代以什么样的方式进入，能够实现利益的最大化。当资本进入互联网领域的时候，几乎无一例外都是依靠巨额资金的注入，以最快的速度做用户推广、圈人，进而以人头作为变现盈利的依据。我们如今随时可见的免费看电影、免费即时通话、免费卖东西、补贴买手机等等，就是经营者圈人策略的一部分。等到它花钱把人头圈住了，竞争壁垒筑造起来了，一方面它可以通过这些人头数字从资本市场获得高估值的收益，同时，各种名目的收费也就自然而然随之而来。十多年前电子商务在中国刚刚开始的时候，最响亮的一句话叫作"让天下没有难做的生意"。那时候网上的零售成本远远低于线下，因为不需要支付昂贵的租金，可以减少很多现场销售人员，更没有那么多的库存周转消耗的烦恼。早些年间在网上卖东西，费用率低，商家尝到了甜头。可惜好景不长，为数不多的几家公司圈地运动式地把用户圈到自己的平台，养成了用户在网上购买的消费习惯，建立起自己的竞争防火墙以后，毫无例外都转过头来开足马力薅羊毛。从免费，到收费，再到随时添加名目繁多的收费项目，成为各大电商平台运作三部曲，也是支撑它们市值快速翻番的支柱。电商大厂们知道，一旦活跃在其平台上的买卖双方已经养成交易习惯，温水煮青蛙一般地通过贩售流量获利就是唾手可得的事。

免费，作为信息时代普遍存在的一种营销手段，是资本孵化下快速占有市场最为残酷的方法。以前工业时代刚刚兴起的时候搞圈地运动，目标是土地，如今圈人运动直接把消费者未来的动向和消费价值直接锁定并以此作为物化商品在资本市场变现。

天下没有免费的午餐，这句话在今天这个信息时代依然是个不变的真理。需要说明的是，**任何一个人，当你享受一份免费的服务，**

接受一件免费商品的时候，不知不觉间，你实际上已经成为免费提供方的一个工具，成为增加这家企业价值的载体。在消费者看来，我能够获得六折优惠，我赚到了便宜，可是你需要替平台方圈进来三个客人，这样一来不仅仅节省了平台拓展三位新客的市场投入费用，而且被你圈进来的新客也将以同样的方式，被驱动着再次放大去寻找更多新人。每个新人代表着对方企业的一个价值增长点。你免费下载一个 App 应用软件，为此你提供一个手机号；你获得一次赠品机会，需要上传一张身份证；你被一个 80 元的红包砸中，为此需要在自媒体做评（论）转（发）（点）赞。这些动作和随之而来的信息披露，就是对方企业未来的营销工具，而你是以免费送给对方这个工具作为交换代价，换取眼前的这份赠品或者红包。一名普通消费者并不知道，他获得的这个免费商品或者免费服务的背后，是以让自己成为对方的利益点作为隐性交换条件得来的。互联网大厂以及他们背后的资本方借助免费这样一个容易被理解、被接受的营销方式，把无数的消费者如同韭菜一般一拨一拨收割进来，储存到其数据库中，堆积起来成为提升公司价值的一个个赢利点。

就零售而言，信息时代改变了许多工业时代的价值观，就像我们前面讲到的，工业时代是以追求效率、追求商品服务的极致作为零售行业的价值判断，而互联网时代则是以对人的解读、对人的情感把控作为今天零售的价值所在。免费，不过是实现这种价值最大化的一种行之有效的手段。在互联网时代，人们更看重一家零售企业获得用户以及用户变现能力的价值。一家企业可以不赚钱，所销售的商品可以跟别人高度雷同，库存周转可以漏洞百出，但是你有网络口碑和热度，你有几千万名活跃用户在热烈分享交流，那么你就拥有不同寻常的公司估值。换一句话讲，到了互联网时代，公司本身成为一种产品，而不仅仅是公司所提供的销售或者具体的某项服务。在这样的情况下，免费是吸引用户成为公司产品构成一个部分的有效方式，进而实现公司价值的最大化。这种新的价值评估体系，是信息时代的一种全新的价值观，在最近二十年间刚刚形成，很多人还非常不习惯，就像有人问我凭什么谷歌仅仅靠几台服务器，它的市场估值是波音的 20 倍，福特汽车的 50 倍，后者解决的是人们硬性的出行需求，而前者似乎什么都没有。我的回答是：此时此刻，谷歌覆盖了多少用户？波音、福特拥有的终端用户与谷歌相比，从数量到活跃度差距有多大？

零售行业在不同的阶段会有不同的制约因素，最早期的时候，有地理条件的制约、保鲜环境的制约、运输能力的制约、支付手段的制约等等。在今天这个信息化的时代，这些制约虽然还未完全消除，但是经过工业化进程的改善，上述制约对于零售行业发展的影响程度已经不再那么严重了，五十年前把冰鲜产品从青岛运到济南是个挑战，如今冷链配送四通八达。在今天这个时代，对一家互联网零售企业最大的制约，就是用户规模和用户活跃度。而且与商品制造不同的是，任何一个国家或者经济体，用户流量的总数是固定的，人口大国如中国，最多也就拥有十亿网民，如果能够在这个流量池里拥有绝对的垄断优势，那么企业的变现能力将呈几何级数增长。这也解释了为什么几乎所有的电商企业都把活跃用户数、用户增长率作为首要考量，哪怕牺牲利润也在所不辞。因为捍卫流量，保证用户基数，就是保护公司的核心价值，而流量的总量固化体现在电商平台发展规律上，就是赢家通吃的寡头现象，各式各样的免费招数不过是因应流量之争的营销手段和提升互联网公司自身企业资本化价值的载体。

5. 把握新零售的脉搏

　　零售是一个连接供需双方的商品流通业。过去四十年，中国的零售经历了前所未有的快速变革，走过了"从无到有"的发展历程，接下来行业更多的机会和挑战来自满足消费者升级的消费需求，换一句话讲，也就是更多地追求"从有到好"。这是前所未有的全新零售环境，中国消费者不再仅仅关心能不能买到商品，而更加关注的是品质、价格、成分、包装……这个大环境下的零售有无限的机会，有很多尚待发掘的处女地，很多新流通形式伴随着信息革命应运而生，很多蓝海等着我们去开拓。过去一段时间，"新零售"这个词被炒得很热，像当年团购出现时的千团大战，以及曾经的热门词"互联网+"。毫无疑问，新零售对于无数商家来说，意味着新机会。

　　那么，它到底新在哪儿？

　　零售说到底永远是人、货、场三者的连接，这三者构成了零售的基本元素，不管新零售老零售，都脱不开这三个元素，不同的是，关注的重点在发生变化。几十年前零售更注重的是"货"，货物的组织、陈列，这方面做得最好的是谁？是沃尔玛、家乐福这一类的大型连锁卖场，他们通过品类管理、商品筛选、供应链优化，把物美价廉的商品摆到货架上，满足消费者一站式购物的需求，这种线下大零售商特别擅长"货"的管理。

那么"场"的管理，以购物中心最为擅长。盖一个几万平方米的商业物业，然后把各种不同业态——吃的、喝的、玩的、用的，分门别类地引进到这个商业物业里，形成一个购物的商圈，这是做"场"的生意。

而"人"的生意则是伴随着互联网的发展，伴随着信息科技的运用和普及应运而生，各个电商大平台通过免费方式，把顾客圈进来，让大家在其平台上访问、互动、消费、评论、娱乐，打造一个以人为中心的生态环境。整个电商乃至其他互联网业态，包括互联网的门户、互联网的游戏、互联网的搜索等等，体现的是以"人"为中心的经营逻辑。

虽然不排除个别例外，从整体上说，定位于"货"输给了定位于"场"，而定位于"场"则败给了定位于"人"，像是一种高维打击低维的战役。

人货场从来都不是孤立的，没有人的场，货物毫无商业价值，而没有货物交易的人流量也构不成电商。今天我们讨论新零售，依然离不开人货场这三个基本元素。

我们需要了解的是，在今天信息化时代背景下，人货场的组合搭建，有什么和以前不同的时代特点。

——新的销售形式，例如视频直播；

——新的用户参与，例如粉丝评论互动；

——新的产品组织，例如柔性供应链。

我们还要特别注意的是，当风头正劲的时候，如何让自己的头脑保持清醒。

"新零售"这个名词本身容易引起误导，用它来做一块抹桌布。新是一个相对的时间名词，今年新上线的产品是新产品，今天刚发布的消息是新闻。当新零售这个词开始在网上出现的时候，人们喜欢拿来给自己的项目贴标签，而很少真正去探讨新在哪里。无论什么时候，零售的创新和变革永远根植于如何更好地回归零售的本质，从产品的研发、用户营销与互动、销售效益的提升方面，去寻找新的机会。现在市面上讲新零售的很多，但坦率地说，绝大多数都是在炒作概念，包装新名词。我们在谈论新零售的时候，一定要注意避免两个误区。

第一个误区就是认为零售只要走向互联网，它就是新零售。零售走向互联网已经是二三十年前的事了，eBay 在美国诞生于 20 世纪

90 年代，中国电子商务到现在也发展了二十年。零售向互联网延伸，这是过去三十年发生的变革，是已经发生的事，现在不能说通过电商的方式来实现零售服务，就是新零售了。更不是说一家零售公司弄两个 App，做几个微信公众号就成为新零售。今天"90 后""95 后"新一代人群，是互联网时代的新生代，对他们来说，网上看新闻、网上娱乐、网上购物，本身就是天经地义的事，谈不上什么新字。现在有许多电商公司打着新零售的旗号，试图向地面零售、实体零售要用户资源，他们的真实目的其实是想通过新零售的这个包装，去构建更大的用户池，说白了有点挂羊头卖狗肉的意思。这个误区特别需要提醒多年从事实体零售的管理者和从业者注意识别。不然的话，很可能被人以新零售的名义把多年的用户洗劫过去。

第二个误区，黑科技的应用本身无法代表新零售。我们都知道科技的发展非常迅猛，最近这几年出现了很多全新科技的应用，包括人脸识别、触屏系统，应用高科技的方式营造无人服务的购物环境，以及利用屏幕甚至以 3D 立体的展示方式来介绍商品，这些在零售的发展过程中是非常有帮助的，也能大大提升服务的用户体验，但它们仅仅是一个辅助手段，不代表新零售。黑科技本身无法构成新零售的核心，这也就是为什么过去两三年各地出现了很多所谓的自助货架、无人超市，最后基本上都是无功而返，就是因为方向走偏了。

我记得有个段子说得很好，做无人超市的人跟老大妈说，我们现在有无人超市，你要不要去试试。老大妈问，既然是无人的超市我去干什么？对方说只是没有人服务，但是商品还是有的。大妈又问：既然商品没有人服务，那东西会更便宜吗？做无人超市的说，东西不会更便宜的，但是有很多新科技。大妈说，我就要买两瓶油，买一袋米，你高科技不高科技的，又不能便宜又没人服务，对我有什么好处。一语道破无人超市定位上的偏差。

我们今天面对新零售，面对零售变革，面向顾客用户需求转向"从有到好"，我们必须围绕着用户的 ID，通过更加了解一个个独立的消费者去构建我们的零售生态。这里有两个基本的前提条件：第一，越来越多的用户已经成为"两栖用户"，他们既在线下消费也在线上购买，如果你想要去触达他们，更好地满足他们消费需求的话，作为零售的经营者你必须在顾客出没的场景里有你的服务展现，否则你将丢掉客人。第二，科技的发展，大数据的普及、应用，使得我们对于用户行为的抓取、信息的获得，不仅成为可能，而且相对易得。现在只要有一个用户的手机号码，或者微信号，我们就可以挖掘懂得用户的消费行为，更不用说移动端上网对于每个访问节点的精准记录。所以，毫无疑问新零售最大的机会，或者说最大的挑战，是商家如何去围绕用户的 ID 来构建未来零售服务的生态。

在围绕 ID 方面我们能做些什么？我们能不能比我们的竞争对手做得更好一些？这就牵涉到我们怎么去分析用户的消费行为，怎么去预判用户的消费行为，怎么去更好地引导用户的消费行为。

举个例子，我们都知道消费者的生活是有阶段性的，在不同的生活阶段，消费者会有不同的消费需求，我们怎么去把握这些消费需求？假设我们知道一个孕妇，她的下一个动作通常会对母婴的产品感兴趣，对儿童玩具感兴趣，对幼儿教育感兴趣，这些是不是我们应当抓取的营销机会？

我们也都注意到，现在人口城市化的趋势越来越明显，我们如何根据不同用户的层次、不同群体的个性化生活状态，有区别地提供符合他们的消费服务。为什么拼多多能如此迅猛地脱颖而出，为什么小红书成为流量新入口？他们经营的方向虽然各不相同，但其共同点就是善于抓住用户 ID，知道如何针对不同的用户做区别对待。

在解读和经营用户 ID，构建以人为中心的零售新课题面前，不论是线上的电商或者线下的实体零售，大家的机会几乎是均等的，规模还无法构成屏障，只要你能够更好地把握用户、预判用户，你就有更大的留住用户、服务用户的机会。人货场作为零售的三角形永远存在，怎么在运营好 ID 的基础上去构建新的人货场，这才是当下新零售要解决的问题，传统电商巨头包括阿里和京东，在这个领域并没有什么领先优势。

以人为中心是信息时代零售的着眼点，但如果没有革命性的变革，还是以分散碎片化的形式去了解、追踪和解读用户，难以构成一种真正的零售创新。从线下零售开始，零售企业和品牌方一直在试图了解客户，互联网使得这些数据收集分析变得更为快捷有效，但这些数据被高度私有化，成为一个个彼此隔离的院落，带来的是无数重复劳动和对客户信息的洗劫。现在关于新零售的主流声音都在说，新零售是以人为中心的零售形态，这个判断我完全认同。但仅仅强调以人为中心不足以诞生一个全新的零售业态，就像当年连锁经营零售、互联网零售，都分别从经营有效性、信息触达力方面革命性地创造了一种全新的零售业态。那么，未来新零售的革命机会将从哪里诞生？连锁零售造就了沃尔玛、家乐福，互联网零售成就了亚马逊、京东，它们作为当时新零售的代表，通过推翻现有零售格局获得了自己的行业地位，而未来的新零售，不论以何种方式出现，首先要抢占的，一定是既得利益者的地盘。所以，真正的新零售不可能从现有的零售巨头中产生。

6. 云零售的前景

新零售这个概念提出来以后，一下子成为热门词。新零售概念，主要宣传的是打造实体虚拟化、电商实业化的状态融合。现阶段在电商领域继续风风火火发展的同时，以实体经济为依托的线上线下协同发展的新零售模式将是未来零售业发展的重点。这个概念提出的初衷，原本是电商面对线上新用户增长趋于枯竭，希望借助互联网手段全方位渗透到实体零售，从地面寻找新的用户基数以支撑其高增长高估值的市价。很多解释说新零售就是借助互联网，通过大数据、人工智能等先进技术手段，对商品制造与流通过程进行升级改造，重塑业态结构，实现线上线下零售行业销售与服务的深度融合。

零售一直是一个在不断地挖掘中创新的行业，很多业态也随着时代的发展和用户的变化应运而生，品类杀手店、会员制卖场，这些都是过去四十年才出现的新业态，相比之下，电商从出现到现在也近三十年了。

其实我们需要解析的，是在信息时代全息社会大环境下，零售行业有哪些革命性的变革机会。有人表示：十年以后无电商。也有人认为，除了车行和加油站，今后实体零售将不复存在。这样的判断，出发点仅仅是基于对现有零售模式的认知和现有路径的前景发展评估，没有跳出固有框框，未必是预测未来新零售发展的正确逻辑。

让我们从电影娱乐消费说起。

早期看电影，观众只能上电影院，后来有了 DVD，人们开始添置播放机，在家看大片。这大体是 20 世纪 90 年代的事，那时候各地影院经历了一个低潮期，几乎所有的影院上座率低，入不敷出。

后来，影院及时调整，一方面锁定片源，满足用户先睹为快的消费心理，另一方面对观影场所升级改造，从最简单的椅子升级到沙发、音响、空调，加上配套饮料小吃服务，票价虽然比 90 年代高出百倍，却吸引了很多年轻新潮的观众前来。

这一战打下来，影院和 DVD 基本上平分天下，你做首轮生意，卖现场气氛的钱，我销售碟片细水长流，片源更广，观看成本更低。

随着互联网的普及，新的参赛者出现了，而这位新人，用的是全新的手段，那是现有的选手不具备的：网上看大片。

于是，行业格局发生了根本改变，不仅仅大规模提升了整体票房收入，而且无限大地扩充了用户的片源选择性，同时，网上娱乐平台还推出了自己制作的独家影片。

当我们在谈论新零售的时候，为什么不会出现类似的情形呢？

我们都认同这一轮的新零售一定是以互联网为依托，以深度解读用户消费需求为出发点，运用大数据和人工智能等高新技术，优化商品研发与生产，提升销售针对性，完善顾客购物满意度，通过零售流程的升级再造，重塑零售生态圈。

典型的例子是：

——借助消费者的口碑裂变、社交电商、柔性供应链，精准判断一款新品的开发生产；

——顾客家中的烹饪油刚刚用完，想起来今天下班要到社区门口便利店买一瓶油，楼下的店员已经从你的用户信息预判你需要补充此商品，提前短信通知你，点击确认，下班前烹饪油已经放在你家门口，无须你操作支付动作，因为指纹识别已经自动绑定电子支付扣款。

——用户想到网上买件衣服，看好款型、价格，无须再输入尺码型号，系统已经根据你过往记录，自动为你做好型号匹配，而且这个数据采样的是你过往12个月在所有网站的购物记录，不仅仅局限于某个平台。而且，这件衣服无须再由电商平台发货，云数据自动抓取就近所有商家库存信息，刚好有一家服装店就在距离你家50

米处，10 分钟后就能直接送上门，或者你走过去取件，还能给你上门自提 5% 的优惠。

记录用户的消费需求和使用周期，了解他的购物习惯，存储所有商品信息，瞬间为顾客的任何零售购物提供精准匹配，这就是新零售时代大数据的威力。

新零售的革命性创新，不会仅仅停留在如何挖掘用户，或者怎么更好地提高产品针对性，降低热销品的缺断货，以及线上线下销售渠道的融合。这些无疑是重要的，但不足以构成一种全新的零售业态或者全新的零售形式。

我们简单梳理一下零售这个最古老的流通行业经历过哪些大的变革：

销售商品：这大概是最早先的零售形态，农村的集市、走街的小贩、各地的农贸市场，都是这种业态。

销售品牌：开始引入商品的识别度，用品牌定位与竞争者的不同，吸引用户的关注和长期复购，同时也是一份对消费者的承诺。

经营卖场：这就是二战后出现的连锁型零售，包括连锁超市、品类杀手店、百货公司、购物中心，其基本经营逻辑就是标准化，一站式满足消费者的购物需求。

网络零售：电商，实现商品信息与商品物理库存分离，最大限度突破产品数量、用户数量、购物时空的限制。

流量经营：社交电商、网络直播、微信大号，以 IP 和粉丝互动作为核心，通过流量维护促成商品交易。

上面的几个发展阶段都是革命性的，每一种新的零售形式都是对现有零售形式既得利益者的冲击。

未来诞生的新零售也将一定如此。

零售从产品供给端，到用户服务端，经历了多次变革，但有一个环节多年来从未改变，而这个至今一成不变的东西，随着技术的进步，正在走向无效和过期。

这个多年未曾变化的环节，就是零售一直是各干各的：各自的库存、各自的用户、各自的商圈、各自的卖场。

长久以来，零售商需要拥有货品，线下将货物展示在门店销售空间，线上通过图片视频介绍，货品本身则存放于库房，随时根据用户的订单提供。货品存储是零售行业最费劲、成本无法替代、周转难以预测的一个环节。为什么卖货的商家要有货呢？为什么不能是社会资源网络化的共享？为什么不能从生产工厂的厂区接到用户订单后直接发送？只要在中国任何地方，有任何一个符合零售要求的货品拥有方拥有这件商品，哪怕数量仅仅有一件，所有卖家都可以销售，所有感兴趣的顾客都可以浏览信息，下单购买。担心重复？先到先得！

我相信随着人类信息化时代进程的深入发展，这将成为未来新型零售的机会：云零售。

就名词解释来说，云是指停留在大气层的水滴或冰晶胶体的集合体，它是地球上庞大水循环的有形结果。云在技术上是开放、共享的概念。例如云计算指 IT 基础设施的使用，通过网络以按需的方式获得所需资源或者服务。云计算的核心思想，是将大量用网络连接的计算资源统一管理和调度，构成一个计算资源池向用户按需服务。提供资源的网络被称为"云"。"云"中的资源在使用者看来是可以无限扩展的，并且可以随时获取，按需使用，随时扩展，按使用付费。由此诞生云计算产业的不同分层：云软件，云平台，云设备。

当然，云零售不等于云计算，它依然是一个零售的概念，但借重的是云计算的原理。

电子商务通常分为三个方面：提供信息、线上支付和物理配送，除了虚拟产品例如机票、充值点卡，这三个环节缺一不可。而平台式电子商务的参与方包括：平台服务提供方、卖方、买方、支付服务提供方，以及物流配送提供方。所有参与各方都集中在平台上，是一个相对封闭的生态环境。由此导致的现状是商品越来越丰富，新品随着热点的变化不断涌现，用户越来越活跃，这不仅仅体现在购买金额和频次上，他们还以评论、点赞、转发等方式参与其中。但电商的生态越来越封闭，当流量成本日益高涨的时候，封闭成为保护流量，也就是保护自己金库的一堵围墙。阿里和微信互相屏蔽的结果，倒霉的是消费者、商家，获利最大化的是拥有流量的平台本身。因为，流量被圈走以后，成了私有化的变现金元宝。

而云的特点是开放，是用户信息、商品信息、支付工具和配送服务的全民共享，这个概念的引入，必然大大冲击现有的所有电商公司，就像网络观影对 DVD 的打击。

为什么不可以把全国（国外涉及进出口限制环节暂且不论）的所有可售商品，通过云的方式一站式地全部汇集到一起？这时候，需要提供的仅仅是信息展现和用户匹配，至于支付、物理配送，采取竞价服务，或者就近匹配的方式提供。云零售的平台聚合的是用户信息、商品信息，彻底与商品归属权、支付及配送服务提供相剥离。

这样的场景，意味着再无相互切割的线上零售与实体零售，消费者和商家也无须在多个销售平台重复注册，重复上架商品。因为，它们各自都是云零售的一个组成部分。在这个生态系统中，电商依然存在，实体店还有销售，支付和物流照样有生意可做，只不过所有的参与者被视为服务提供方，进入云零售系统，而用户登录云零售后，不仅能有最丰富的商品选项，还可以通过云服务的弹性机制，达到最好、需求匹配度最高的购物体验。例如我居住地在北京，现在出差广州，两周后回京，其间登录云零售平台购买红酒，云零售根据我购买的机票、预订的酒店，自动判定我的消费需求，提出若干种送货方案，包括 15 天以后送达，优惠 6%，或者在首都国际机场 T3-A55 店面提货，优惠 10%。这些选项对于用户来说，计算了其个人消费的实际需求，提出若干选择方案，对于任何商家来说，全国十亿用户都是潜在客人，而且无须雇用专人维护，因为商品的信息库是系统自动生成的，只需接入即可。

云零售将是一个基于云端数据共享的零售生态系统，所有参与者都以云的方式提供服务、接受服务，数据和用户资料不再为某家公司所有，更没有现在微信不能用于淘宝支付，天猫屏蔽京东的问题。这场零售变革，一定会冲击既得利益者，就像当年电商刚开始杀将出来的时候，抢占的是实体零售的市场份额。

信息时代以"云"为基础的运用将成为主流，我们看到比特云、数据云，信息时代的云教育、云存储，这些新概念的共同点是把基础数据与运用剥离。那么，云零售的主要特征，将会是通过统一整合，共享人货场的零售基础资料，让所有的参与者致力于销售和服务，不再以画地为牢的方式各自锁定商品、库存、用户，这就是未来云零售时代。

这个新零售的最大挑战将来自如何处理云零售的所有权。现在有一个名词叫作命运共同体。云时代，我们将面对信息共同体这个新概念，除了用户隐私权这个法律问题留待专业人士解决以外，这种信息共同体的利益点是鲜明可见的，没有人愿意注册和维护一大堆不同电商公司的账号密码，现有私属化的用户资讯保护的是平台利益，七亿用户的网上购物成全的是几家大型电商平台的市值，其价值核心无非就是用户信息私属化的货币变现。既得利益者不会成为新零售模式的倡导者，而云零售如果从信息共同体的角度切入，获利的是网购消费者和做生意的商家，打击的一定是现有的流量大平台。因此，云零售的概念能否脱颖而出，取决于两个因素：第一，如何构建新的零售共同体机制，从相互制约、流量私有化改变为相互弥补、流量共享；第二，现有的大平台如何对抗新形态的出现。电商刚刚诞生的时候打的是让交易更自由、让流通成本更低的旗号，但是经过了一轮轮的补贴烧钱，经过了一次次的优胜劣汰，我们现在看到的是用户流量人为切割垄断，巨头之间为了一己私利相互屏蔽，微信上不了淘宝，京东用不了支付宝。

革命性的新型零售一定不会仅仅是对现有零售形式的简单补丁或者升级，那不会造就新的零售业态。电商把买卖交易从地面搬到网上，这是一场零售革命。云零售将把交易变成一个全体网购用户使用的共享平台，是各个销售参与方的兴趣与利益共享的零售生态。这个未来模式最大的挑战将是归属权问题，谁拥有云端数据物权，如果还是像现在电商行业那样，拥有用户数据和交易平台的企业即拥有数据物权，那或许能诞生出几家新的巨无霸企业，但显然难以构建真正的零售业态利益共同体。或许，云零售平台物权不复存在，大家都以参与动作付费，或者收益。

第二部分

中国的实践

1. 中国电商二十年

中国电商从 1999 年的 8848 电商网率先破土，到现在走过二十余年的历程。过去的这二十年，我们目睹一个全新的行业从零开始迅速发展，以平均三位数的年增长率在短短二十年间成为整个社会最重要的零售形态。如今中国针对个人零售的电商年交易额十多万亿元，占整个中国社会零售总值的 18%，无论从绝对交易额，从电商消费人群数量，或者从社会零售占比看，中国电商在全世界都位居第一。这是一个非常值得自豪的事。在其他零售形态，我们更多的是模仿，借鉴西方的零售概念，例如线下零售的专卖店、专营店、连锁经营、品类杀手等等，这些形态西方发达国家都比中国来得健全完善。中国电商虽然最初也是从美国引进来的一个舶来品，但是经过二十年的发展壮大，中国电商的表现已经把其他国家包括美国、日本，远远地甩在身后。

二十年是一个成熟的历程，就好比一个初生的婴儿，从咿呀学语，到如今长大成人。

是时候对这个行业做一个概括性的总结了。它为什么能异军突起？又具有些哪些独特的特点？

从行业的发展阶段分析，中国的电商大致上可以分为三个阶段。

第一阶段是 C2C，即个人对个人买卖阶段。这个阶段大致从电商行业起始，到 2008 年告一段落。这个阶段占据主力销售业态的就是 C2C，其中包括早期的易趣、eBay 中国、淘宝、拍拍，还有其他一些 C2C 网站。上面这几个曾经风光一时的 C2C 大平台，除了淘宝网以外，其他的基本都已经销声匿迹了。这个阶段已经有了买手制的 B2C 业态，包括京东、当当，但市场份额不大。2008 年中国电商的总交易额，C2C 占了 93%。

C2C 业态的最大的特点，就是交易门槛低，任何人都可以注册在网上卖东西，而这个业态缺失的地方，在于买家对商品真假难以识别，更多的是凭本人的购物经验和卖家过往的销售记录和评价，这就好比你到农贸市场去买菜买肉，以次充好、缺斤短两的现象总会存在，考验的是买菜大嫂的判断能力。

虽然有很多不足，中国电商在 C2C 阶段，完成了行业发展的三个基本奠基，而它们，恰恰构成日后行业升级及用户扩展必不可少的元素。

第一，网上支付系统的建立。中国处于一个信用卡使用相对不普及的社会环境，网上如果没有一种简单而有效的在线支付体系，势必制约电子商务的普及。一开始的时候很多电商交易采取 COD 即货到付款方式，这个方式能让消费者更放心，但它是一种低效、支付成本较高的资金管理方式，回款速度也慢。后来有了支付宝、财付通，从根本上打通了网上付款这个在线交易的大瓶颈。很多人可能不知道，支付宝最早是淘宝网的一个业务部门，目的就是让网上交易的双方能获得交易的资金保障，后来才慢慢剥离出来，成为一家独立公司。线上支付系统的建立，客观上使得网上购物随时随地可以进行，而且不用担心与陌生人交易的钱款安全问题。那个时候淘宝喜欢夸口的一句话是：即使你交易的对方是一头牛，你的钱款也是安全的。

第二，初步建立起全国性的，以民营经济为主导的物流快递网络。我们经常说四通一达加顺丰，这些公司基本上都是在这个阶段创建或形成体系的。快递业态的建立从物流配送方面保障了电子商务交易后商品送达的物理传递。在这之前，国内物流基本上依靠国营的中国邮政，虽然其触达面广，但效率低下、体系僵硬，无法适应电商快速扩展的需要。现在人们已经习惯于点击 App 或者打个电话叫快递公司安排人员上门取件，殊不知二十年前，如果要寄一个包裹，就得在工作时间特意跑一趟邮局，填单子、过磅、交钱。一堆很烦琐的流程。

我们都说，网上零售交易需要三个基本构成：信息流、资金流和物流。这"三个流"在 C2C 这一阶段已经基本建设完成，往后几个阶段电商再怎么发展完善，都没有跳出这个大框架。

第三，行业建立并形成了一套有效的网络卖家评价体系，这里面包括好评、中评、差评，几星几钻几皇冠的卖家等级，以及点赞分享。这种通过鼓励消费者给予购物反馈意见的做法，形成了对卖家行为的约束和对后续购买的引导机制。后来所有社交电商、内容电商的模式，都不过是这种评价机制的完善和延伸。

C2C 是中国电商发展的第一阶段，接下来的第二阶段，就是我们称之为 B2C 即商家对个人销售阶段。这个阶段标志性的事件就是2008 年天猫商城的诞生，逐渐地，B2C 成为行业的主力销售业态。B2C 后来居上，如今在电商交易的市场占比超过 80%。值得注意的是，中国的 B2C 是一种平台式的 B2C 模式，有别于中国早期的买手制 B2C。两者的区别很简单，后者是通过自身的采购实现零售，而前者还只是搭建一个网络交易平台，邀请符合条件的企业商家入驻交易，商品的物权由卖家而不是平台方转移给消费者。从商务模式的建立上讲，平台式 B2C 是中国电商的首创，当我在领导天猫商城筹建期间，更多比对的是线下购物中心的实践，把它们的管理思路借鉴到线上。在平台式 B2C 领域，全世界所有公司都没有中国企业做得好，连亚马逊都被甩出好几个段位。举个例子，近来亚马逊也做商家入驻的平台生意，却几乎不考虑和完善商家自主营销的工具，连客人问询商家都只能通过电子邮件，这有什么即时销售的推动和促进能力可言？哪个买家有兴趣为一件 T 恤的颜色写邮件问询再等上一整天？如果让我用一句话总结的话，同样是 B2C 业态，买手模式是 Engaged（使参与），而平台式则是 Enable（使能够）。年轻的读者们如果对这一段发展史不太熟悉或者有兴趣的话，可以读一读我过往的出版物《我看电商》和《走出电商困局》，那里面有相关的详细介绍。

B2C 时代表现最为突出的，毫无疑问是天猫和京东两家公司，还有那么五六家其他电商企业，共同构成行业的主力。

那么，B2C 时代电商的明显特征是什么呢？是品牌。企业成为销售的主体，他们走到台前，以旗舰店或者授权专卖店的形式成为销售的主力军。而企业直接在线上从事零售，靠的就是各自的品牌。那些早期在 C2C 时代发展得很好的淘宝大卖家们，要么取得品牌授权转轨经营，要么进化为淘品牌，拓展网络品牌销售，跻身 B2C 赛道，否则就逐渐被边缘化。由于企业行为成为销售主体，品牌成为营销的主要形式，早期困扰中国电商的假货问题在 B2C 时代基本上被杜绝。说到底还是模式使然，因为品牌方成为销售主体，品牌方不可能自己销售假货。

这个阶段，商家们拼得更多的是网络的营销能力和流量转化率。通过价格竞争、大型营销节庆，提供优质服务，获得更多的销售机会。到了这个阶段，中国电商真正实现了主流人群在电子商务平台的主流购买。我们可以说在前面的第一阶段 C2C 时代，基本上是非主流消费人群的主流购买，例如学生买书买衣服，以及主流消费人群的非主流购买，例如办公室白领网上手机充值，家庭主妇上网买两包无足轻重的垃圾袋。而如今 B2C 时代，主力消费人群把其日常购物的很大比重转移到了线上，包括服装、箱包百货、家居日用、生活快消品。

这个阶段刚开始的时候，淘品牌占据了很大的比重。淘品牌大多为有资历的电商人士操盘，动作快、产品针对性强，后来随着大品牌的介入，淘品牌逐渐退居后席，知名品牌、大品牌成为销售主力。记得 2008 年天猫商城销售 top10 女装品牌，淘品牌占有 8 席，几年后，位居销售前十的基本都是传统的知名品牌。B2C 时代的另外一个行业特点，就是对卖家资质的管控越来越严格，C2C 时代只要有一张身份证就可以在线上卖东西，如今你必须拥有品牌，至少要获得品牌的授权，有企业注册资质，才能申请在 B2C 平台上卖东西。而且由于同质的卖家越来越多，在一些热门类目上，已经逐渐实行邀请制。换一句话讲，就算你上述条件都符合，人家让不让你到平台上卖东西还两说呢，取决于平台对你这个品牌的评估，以及这个类目下的竞品数量。因此，B2C 时代的平台卖家数，远远少于 C2C 年代。淘宝网的 C 类卖家有好几百万，B2C 则是几十万的容量，相对地，每个商家平均销售规模远远高于 C2C 卖家。

第三个阶段，进入移动电商、社交电商和内容电商的时代。这个阶段的客观推动力是移动上网和智能手机的普及。

这是一个更为多元化的电商时代，从内容电商、社交电商、推荐销售到直播电商，这个时代的产生背景无疑是互联网的移动化，人们从 PC 运用转向移动网络，获取资讯的工具从一台笔记本电脑转为一部智能手机。

就电商销售而言，手机上网的销售有两个值得注意的使用特点：一是唯一性，二是碎片化。手机唯一性的特征，使得电商公司可以在大数据运算下了解或预测每个用户的兴趣和潜在需求，定点推送、千人千面、熟人转发、朋友分享、同事团购、内容种草、粉丝带货直播，都是基于手机终端的用户锁定。对于商家来说，知道你的存在，了解你的过往行为、你的交往圈，很容易判断你的兴趣点所在，从而使任何销售信息的展现和推送更加具有针对性。另外一个是灵活性和对碎片化时间的运用，特别是通勤时段。一旦你关注了某个直播大号，下班途中打开直播界面，你所关注的大号直播直接跳出，不再需要通过搜索或者类目路径。也由于上网终端的唯一性和时间灵活，每一名用户都被平台加以分析归类并贴上相应标签，这个标签不仅仅用于平台与用户的沟通，更多还体现为用户与周围人形成的信息圈。微信群、微博粉丝，都是这个道理，在这个信息圈里传播的任何内容、评论、推荐或者赞许，都能被用于促进商品交易。

总体上概述，中国电子商务至今经历的这三个阶段，第一阶段 C2C，强调的是商品的丰富性，是一个品类驱动的销售时代；第二阶段 B2C，是一个品牌驱动的销售时代，强调的是商品溯源、正宗、价格优惠；到了第三阶段，移动和内容社交电商，进入了一个高度互动的营销时代，用户不仅仅看品牌、看价格，更多地留意评论，在意各种行业大咖的意见和背书，是一种广众参与的全民营销。

三个阶段基本概括了二十年电商在中国的发展演变，但不管哪个时代，有一条主线始终贯穿过去二十年的行业发展，无论形式和营销重点怎么变化，用户上网习惯如何迁移，这条主线就有如电商的大动脉，一直不停地在那里跳动着。

这条唯一的主线，只有两个字：流量。

经常有朋友和投资人问我，怎么能快速地了解中国电商。我一向不变的回答都是：了解流量驱动的零售经济。

中国电商从诞生的第一天起，就是流量驱动的行业，一切以流量为基础。从获取用户注册、保持用户活跃度，到引导顾客下单、分享、转发，一切的一切，围绕的都是这么两个字：流量。

获取流量，保存流量，以及流量的货币性转化。

中国有一个词叫多快好省，它的反义词应该是少慢差费，这是四组反义词：多对少，快对慢。好对差，省对费。

多快好省很多时候是人们表达美好愿望的一个理想场景的描述和向往，在现实中，这四个字往往只能部分获得。自古事难两全，更何况四个维度。如果拿这四个字来衡量中国电商过去二十年历程的话，我们可以大致给予这样的总结：

中国电商是少快好费。

换句话讲，在多快好省四个字中，中国电商得到了两个正向词、两个反向词。

第一个字，少。

二十年下来，有数万家注册运行的电商公司，各自拥有或曾经拥有独立的访问网站、商品，以及完善的购物流程，但真正能够沉淀下来的寥寥无几。如果以一个量化数字来说明的话，硕果仅存的大致不超过十家，这里面包括大家耳熟能详的淘宝、天猫、京东、后起之秀拼多多，以及其他几家还有点声音的如苏宁、唯品会、国美，还有一些曾经有些市场份额的，例如卓越亚马逊、当当、凡客、一号店、聚美优品，基本上都已衰败。在整个电商行业，天猫、京东和拼多多三家公司大概占据了95%的市场份额。

纵观零售，没有任何其他一个行业有这么明显的赢家通吃高度寡头化现象。我们可以对比购物中心、百货公司、超市大卖场、品类杀手店，都有巨头垄断市场地位的现象，但集中度如此之高唯有电商。分析零售的各个形态，电商的寡头化最为明显，超过七亿网购用户，年销售十几万亿元的交易金额，集中为三家公司所拥有。寡头现象对于一个行业长久的健康发展一定不是件好事，平台的权威性太高，所有借助平台做生意的商家、服务商、快递企业，都需要看平台的脸色，甚至连顾客都被绑架了。微信是中国使用量最大的信息沟通平台和线上支付工具，仅仅因为阿里和腾讯两家公司较劲，微信和天猫互相屏蔽，微信上发布的商品链接不能访问天猫，天猫也不接受微信付款。无独有偶，京东和阿里不对付，在京东购物也不能使用支付宝。这种寡头打架群众倒霉的事，说到底是把企业的私利置于几亿用户的利益和使用便利性之上。可惜的是，这种状况目前还没有来自政府方面的规范或者法律约束，无数用户只能默默忍受几家大平台霸凌式的限制。

第二个字，快。

中国电商的发展速度无疑是全球最为迅猛的。美国的电商起步比中国整整早十年，日本、韩国也更早起势，但二十年下来，它们都落后于中国。我们姑且不说交易规模，这个和市场容量有关，仅仅看电商销售在一个国家零售总值所占的比重，就可以看到，中国电商在社会零售的影响力和比重上，远远高于美国、日本、韩国。

这里面最主要的原因，是线下零售业态在中国起步的时间比较晚，发展历程短，实体门店的触达率没有美国、日本那些国家来得扎实。美国的百货公司经营了一百多年，日本从战后开始发展到现在，连锁的百货公司也做了六七十年，他们都是采取买手制，有独立的采购团队，销售商品具有唯一性和选品特点，以此来培养忠实的用户群体。而中国的百货公司不仅发展时间短，覆盖面不全，而且由于采取的是二房东体系，其销售商品不具有唯一性和独特选品能力，对顾客的吸引力基本停留在促销、买赠这种最简单的价格竞争上。另外，中国线下零售在大城市和中小城镇之间布局发展的不平衡，客观上也为中国电商的快速增长留出了大量空白。二十年前很多小城市的人到北京、上海出差，经常会有身边的亲戚朋友托他们在大城市买一双耐克鞋，或者捎带几瓶进口面霜，因为这些商品在小城市根本买不到。这是中国线下零售的实际情况。线下实体门店布局的不均衡，在小城市和乡镇的销售网络缺失，恰恰为电商兴起提供了一个快速占领市场的有力阵地。

"快"还体现在中国电商从一开始就特别注重瞄准年轻的用户群体，伴随互联网成长起来的"85后""90后"一代，他们不仅具有很强的网络使用习惯，消费观念也大大超前于他们的父辈。所以中国电商消费者的绝对年龄段，比欧美国家年轻很多。作为年轻一代，他们更加具有快速上升的消费能力，客观上促成了电商行业在中国多年保持三位数年度增长的高速度。2003 年全年淘宝网的交易额大约 3000 万元，这个数字大约相当于今天天猫商城 30 分钟的销售量。

第三个字，好。

中国电商无论从哪一个方面考量，目前在世界上都是表现最为出色的。

从用户使用感受、上网注册登录，到购买的便利性、商品的丰富度、产品描述生动形象、图片精美、视频细节展示详尽，再到支付的快捷便利、送货及时，中国电商都是全世界最为领先的。许多外国人士来到中国，时常惊讶于微信支付如此普及，网上下订单当天送达，24 小时随时客服回复，这些我们看来理所当然的运用，在欧美国家几乎都实现不了。一个在线客服功能就把美国亚马逊和 eBay 甩出好几条街。我们如果身在北京、上海这些大城市，中午前下个订单，京东物流晚饭前就能送到，在同样的大城市，比如伦敦、纽约，第二天能送达已是神奇。现在很多用户选择移动购物的微信支付，这个又比起欧美的信用卡方便了许多，对商家来讲，也减少了信用卡 2% 左右的使用费率。

好不等于规模，"好"更多是通过用户的使用频率，也就是使用黏性来判断。我们知道天猫六亿多用户，人均年购物次数超过 50 次，如果把微信购物、京东和拼多多汇总起来，我们的网购人群每年人均网上购买频次应当接近 100 次。一个行业如此深入地渗透和影响几亿消费者的日常生活，而且都是非强制性的自发行为，不能不冠以一个"好"字。

第四个字，费。

多快好省的最后一个省字，中国电商显然不合格。中国电商的发展，走的是一条高度烧钱的路，一条高度浪费的路。

这个"费"体现在行业成长过程的两个方面：第一，中国电商的高度寡头化趋势，导致这个行业 99% 以上的创业公司血本无归，阵亡率超过 99%，这也意味着很大一部分融资和资本投入都以亏损告终。第二，行业发展过程中，遵循的不是循序渐进的路径，而是高举高打，利用巨额资金狂轰滥炸，低于进价的补贴，花大钱做各种广告搞赞助，以前的千团大战、拼多多的百亿补贴，无一不是走的这条路。能杀出血路存活下来的公司少之又少，大多数一路融资一路烧钱，最后把自己烧没了，凡客、聚美……很多电商企业都是倒在烧钱的路上。

"费"字体现在电商公司发展过程中耗资无数，这只是一个方面，另一方面则是当为数不多的成功电商获得市场地位以后，无不以更为严厉的收费，试图放干流量水管的每一滴水。十年前电商处于多国厮杀混沌世界的时候，很多人寄望电商行业的成熟普及，能有效减少商品流通成本，带来更实惠的销售性价比。这个天真的愿望如今被越发严酷的流量收割现实彻底粉碎了。由于流量一直是中国电商的成败主线，为数不多的几家大型电商平台在拥有海量用户之后，无一例外都把手中的流量变现当成自己赢利的主要路径。换一句话说，过去是花大钱获得流量，把公海流量引入到自己的湖里蓄养起来，如今则是标高价出售流量，因为公海里的流量几乎都被寡头瓜分完了，如果你要在网上做销售，除了向这几个大户人家购买，别无他途。按理说电商作为一个互联网新兴业态，其发展目标在于有效减少流通成本，网上交易不需要支付那么多高昂的门店租金，不需要那么多现场销售人员，不需要空调停车场维护，可是这些节省加起来，根本抵不过商家通过网上做销售的流量开销，而流量这个几乎等同于水电煤的基础设施，阀门掌握在几家暴发户手里。有一句古话说：穷人希望能成为地主，他发誓说，如果有一天我成为地主，一定不会盘剥穷人，可惜的是，成为新地主的穷人，榨取得比老地主更狠。

现在看来，电商的确带动了零售行业走向鼎盛，大大提升了购物便利性，但和传统零售业态相比，它不仅没有降低流通成本，反倒提升了流通领域的整体费用率。我们都知道，零售是介乎生产和消费的中间环节，生产成本、流通成本，加上合理的市场利润，构成商品销售价。流通成本越来越高，客观上造成商品的价格居高不下。这就是为什么我们经常面对这样一个问题：同样的一款商品，在国外购买的售价远远低于国内零售价，哪怕这款商品产自中国。原因很简单，中国的线下流通成本、线上流量成本，都高于别人。想一想火热的电商直播，链接费加佣金通常要占到成交额的40%以上，加上平台佣金扣点，消费者花钱买一件衣服，至少有一半落入流量口袋，商家为寻求利润或维持收支平衡，只能抬高售价。

就电商而言，只要行业还是维持高度的寡头经营，只要还是由有数的几家公司垄断整个市场流量，流量费用就不太可能有明显的降低。这个时候，大家就都拼命去寻找新的流量洼地，从而催生新的电商模式。微信大号本身是一个信息沟通的工具，现在成为电商营销的流量来源，小红书这种内容平台本来是用户种草分享其购物心得的地方，现在则成为一个隐形的流量池。目前在小红书上的文字评论、图片上传，绝大多数看似随意的种草内容的背后，都是货币化的流量驱动。电商直播，现在更成为大咖们收割流量、向粉丝薅羊毛的变现捷径。中国电商经过二十年发展，流通成本并没有随着这个业态的完善和规模化而有所降低，反倒一路上涨。

三个阶段，一条主线，四个关键字，大致概括了中国电商走过的二十年历程。如果可以把现在借喻为一阵幕间歇息时间的话，接下来将要拉开的大幕，还有人工智能运用、云零售架构等更为精彩的篇章有待书写。

2. 电商直播潮

也不知道是从哪一天起，"风口"这个老词被赋予了全新的诠释，说是站在风口上，猪都能飞起来。于是投资界、互联网界、零售和制造业，全都在追风口：共享单车是一个风口，人工智能（AI）是一个风口，如今直播带货又成了最大的一个风口，尤其在新冠肺炎疫情影响下的 2020 年。

我从小在福建海边长大，每年都要见识几场大风暴。让我来告诉你：站在风口上，别说猪了，什么动物都能飞起来，然后呢？除非具有超强驾驭风浪的能力，否则就只剩下一种结局：被摔得粉身碎骨。

用风口来形容 2020 年的电商直播销售现象一点都不为过。在一个线上购物越发普及的年代，电商直播是当下科技与互联网文化汇聚下的产物，从 5G 流量、移动视频、购物娱乐化，到网红经济、个人 IP 的超高影响力，一时间直播成为全社会都在关注的话题。统计说现在专职直播的从业人员缺口超过 10 万人。2020 年双十一直播季开始的第一天，两名头部主播的当天成交额超过 70 亿元，相当于一个超级购物中心两年的销售业绩。

以视频展现的方式推荐商品引导购买，这种形式行之有年，早期的电视购物其实就是直播的原形。长期以来，从中央电视台到各个地方台，卫视频道都在非黄金时段，通常是下午时分和晚上十点以后收视率低峰时段，开辟专门的频道或节目，以主播介绍的方式借助电视视频做销售。如果将时间倒回到 25 年前，带货一哥这个名号就要交给一个来自台湾的侯总。

国内的电视购物节目起始于 20 世纪 90 年代，二十多年来，经历过大起大落，造就了好几家上市公司，也由于浮夸宣传、暴利运营、服务缺乏保障等问题广受诟病。随着电商直播的兴起，不少购物频道也开始转型，例如北京卫视购物频道、湖南卫视都纷纷宣布向电商直播转型，进军淘宝直播、抖音、快手、京东等流量平台，实现带货销售。不过，从目前的销售份额看，这些频道直播的观看量和交易量都远低于头部网红。

以前电视直播的套路是什么？

过度渲染，吊足胃口。说到电视购物，当年的侯总被称为"戏精之王"。看过他的卖货视频，才能理解什么叫表情生动。操着一口台湾普通话，全身每个细胞都在诠释什么叫"好货贱卖"。同时配备各种证件、检测报告、价格对比，让人觉得这么好的东西、这么低的价格，不下手简直就是傻瓜。

超低折扣，限时限量。五折四折在电视购物上吸引不了人，一折两折才是常态。高得吓人的吊牌价，先让人觉得高不可攀，再给你一个心理价格以下的惊喜，用一个看上去像是自杀式的高折扣，正价19880元，现在不要9880，也不要5880，只要2880，再送你1800的赠品，然后厂方代表会做出晕倒状，再以不间断的电话铃声和售出数量的滚动刺激你马上动手。

移动电商的兴起，彻底分食了电视购物的蛋糕。现在的电商直播和当年的电视购物在形式上几乎一脉相承。那么为什么电视购物与电商直播此消彼长？

载体不同：电视购物借助的是传统电视媒体的平台，容量小，灵活性差，而今天的电商直播依赖的是新媒体，随时随地，分散式如水银泻地。

IP背景：电视购物主要是靠电视台作为背书，人们相信的是某家电视台的选品能力，其主播给人一个打工者的形象，而今天的电商直播则完全是个人IP，打造的是个人人设。就像电商头部主播薇娅，她建立了一个名为"薇娅女人"的粉丝圈，主播本人就是最大的流量代表。所以在电商直播年代，粉丝跟着主播走，这是典型的粉丝经济。

互动能力：电视购物受制于电视传播，是一个单向输出的沟通模式，而电商直播更多借助现场互动，例如现场回答粉丝的问题，现场抽奖出结果，根据用户的购买热度随时增加库存量。更重要的是，粉丝购物后的留言评论，成为后续销售的参考。

用户群体：电视购物的主力购买用户都是中老年人和家庭妇女，而今天的电商直播更多吸引的是年轻的消费者。

为什么直播突然这么火爆？

科技进步，移动端上网的快捷便利和低成本，毫无疑问是电商直播能迅速发展的底层条件。除了这个原因以外，主要有三个因素催生了中国电商直播形态。

第一，崇尚个人 IP 时代的来临。我们都知道，网红现象是互联网时代最为鲜明的特征，从微博大 V、微信大号到今天的直播大咖，他们无一例外地带有浓厚的个人色彩，是一种典型的个人人设。快速发展的粉丝经济的背后，是无数粉丝对于各自所追随的大咖的一种信任。这种信任产生出依赖性和从众心理。一个普通消费者，在日常的购物环境下他可能很谨慎，但在直播形态下，对于自己所推崇的大咖，特别是经由大咖介绍和推荐的产品，有一种盲从。明星周边产品已经反复证明了这一点。明明知道某某明星根本不懂酒，但这位明星推荐或者签名的葡萄酒，粉丝们就愿意买。

网络大咖个人 IP 背书能力甚至强于商品品牌本身，这是电商销售一个鲜明的特点。以往消费者从认识品牌、关注该品牌、了解搜索信息到消费，是一个相对漫长的过程，如今通过大咖 IP 的背书，大大缩短了消费者对于一个新品牌的认知周期。而且能起到品牌宣传和现场销售合二为一的收效。电商直播，成为粉丝经济最直接有效的货币化变现路径。

第二，商品生产过剩催生的选品需求。进入商品极度丰富的时代，普通消费者对于选品变得愈发茫然不知所措。过去四十年，中国经历了从商品匮乏走向商品严重过剩的发展变迁，如今淘宝和京东平台拥有几亿种商品。这几亿种商品如何挑选，什么才是性价比更高、更适合自己消费的产品，众多普普通通的消费者出现选择性障碍，无从下手。这个时候主播充当了一个专业选品、专业推荐的角色。如今的各大主播团队，从服装、化妆品，到零食、小家电，出镜的虽然是主播，背后都有一批选品团队，为它的核心用户挑选商品。

第三，流量驱动。今天中国电商的流量成本越来越高，流量成为线上销售成本中最主要的费用项，不论是在头条上打广告，在京东买关键词，在淘宝做淘客，本质上都是流量成本的支出。既然都是流量成本，对于商家来讲，寻找流量的成本洼地就成为决定销售存亡的核心。三年前微信大号刚刚火爆起来的时候，通过微信大号做软文推广十分有效，那时候微信号的流量成本相对比较低，所谓的 ROI 即投入产出比，好的商家能够做到一比四、一比五。过去三年间越来越多的商家通过微信大号做销售推广，导致的就是流量成本直线上升，如今微信大号推广成本行业平均值已经低于一比二。也就是说，通过这个渠道引导的销售，仅仅流量成本已经超过50%，这个时候，任何低于50%的流量成本对于商家来说就是一个新的流量洼地。中国电商行业从诞生的第一天起，就是一个流量驱动的行业，谁能够用更低的成本掌握有效流量，谁就能够在竞争的态势中杀出重围。

很多人热议电商直播现象，云里雾里一大堆，其实并没有说到直播兴起的最本质原因，什么带货能力一次几千万，几秒钟卖了三万单，这些都是表象，具有强大带货能力的销售渠道远远不止直播，直通车、硬广投放、微信营销等等都有超强的销售拉动能力。直播能够成为电商生态级现象的根本原因就是流量成本，当这个销售渠道的流量成本低于其他渠道时，商家们就会关注并热捧这个渠道，无数商品排着队等候被头部主播选中播出。可是别忘了，流量成本是一个供需关系，当供不应求时，流量成本必然快速上涨，这也是在2020年我们看到的真实状况，头部主播的链接费从两年前的

1万—2万元上升到如今的15万—20万元。但是，再好的主播，其直播销售也没有这个幅度的增长。

电商直播的兴起，本质上体现的是流量红利时代终结之后大型平台流量经营者的无奈。当网上用户从增量市场进入存量市场，新用户的拓展潜力有限，如何用更加有效的形式刺激用户，盘活现有的流量市场，成为平台经营者关注的焦点。

既然直播这么火，它的天花板又在哪里呢？

直播的天花板首先在于寡头效应十分明显。中国有几十万个专业从事电商直播的服务人员，直播机构超过十万家，这里面能够成为头部顶级主播的各大平台加起来只有几十个人。这几十个人占据了整个电商直播行业80%以上的成交额。直播说到底是一个人肉生意，再好的主播，在一个时间段里能够播出的产品件数也就是那么一些，无数的商家排着队挤破头想找李佳琦、辛巴，想找薇娅、雪梨，头部主播应接不暇，而次头部、肩部主播、腰部主播，他们的产出少得可怜。头部主播平均一个晚上四到六个小时播出几十款商品，一天成交几千万元，遇到大型促销专场销售破亿元，平均到每个商品，大约能产生50万元到100万元销售额，但其他那些号称有数十万到几百万粉丝的肩部、腰部主播，每一次播出一款商品，平均订单也就在几十到二百单之间，远远无法满足商家投入产出的要求。这种寡头效应势必制约电商直播的规模化发展。头部主播因为供不应求，导致推广费用持续上升，很多商家抱的是赔本抢占风头，做几场直播提高品牌传播力度这样的目的，在销售端的核算根本无法赢利。既然对商家而言是不挣钱的生意，就很难成为长期行之有效的营销渠道。

打一个形象而略带调侃的比方的话，当下的直播现象好比一条丁字裤，由一丝丝细得不能再细的顶部和横卧着的一大堆底部构成，几乎没有中间地带，而不像其他流量例如微信公众号，至少还是金字塔形状。这样的行业现状显然难以支撑电商直播的健康持续发展，某种程度上，这是大咖粉丝经济的必然性，也解释了为什么很多所谓的网红为了红而不顾一切，矜持全无，因为大咖效应是一种几何级数的零和游戏，要么人人热捧，要么无人理睬。问题是仅仅凭几个顶部大主播的人力产出，并不足以支撑一个全新的行业。所以，直播的发展前景，取决于是否能构建出金字塔形的导购格局。

由于主播特别是头部主播需要以超低价来黏住用户，通常要求超低折扣，品牌方如果想报名入选，历史最低价是基础要求。这样就导致今天我们在各个直播间看到的直播产品，基本是靠二、三线和杂牌撑场，大品牌只是一个过场的点缀。在这种场景下，所谓的低价只是一个噱头，把原本 100 元售价的商品标价 200，打个五折，99 元直播间特惠，再送点赠品，这其实和当年电视购物玩过的套路是一样的。我曾经有一款自有品牌的进口葡萄酒，售价 198 元，被要求直播前先把价格调整到 398 元，再做历史最低价 3.5 折。上回我公司前台小妹在头部大号的一场直播中买了一瓶原价 98 元，折扣价 68 元的洗发水。拿到以后，我们在办公室楼下某个折扣百货店买了一瓶 20 元钱的同款洗发水，从容量、包装到内容物的质量进行比较。十几名参加评测的员工中有 80% 都觉得这款直播产品，无论从品质到包装，都还不如楼下 20 块钱的东西，而且我们做的是盲测。原因很简单，直播销售的加价率虚高。

仅仅超低售价的优惠还不至于使直播现象扭曲，毕竟再怎么说，低价让利给顾客，用户能够得到实惠，但请看下面这个现状：所有直播机构和主持人不愿意说的（幕后）真相是：主播方收取的各种销售佣金，平均下来有 40%—50%，知道这个数字的人不多，为直播高呼风口现象的报道更不会提到，但它的确是一个真实的行业数字。直播方的收费分为三种：链接费、销售提成、MCN 机构中介费或者供应链选品费，商家在被压低售价上档播出后，每产生 100 元销售额，其中的 40—50 元得"进贡"给主播，甚至每销售 100 元付出的费用超过 100 元，即费用倒挂的事更是时有发生。连试图玩票凑热闹的自媒体红人吴晓波也出现销售额不及收费额的阴沟翻船，只不过他敢于承认自己演砸了。

问题来了，抛开奢侈品那些特别高端的品类不说，日常生活用品，如果仅仅充当流量输出和销售引导的第三方（主播），其收费占到交易额的50%，即每售出100元，50块钱先进了主播的口袋，剩下的50元再来分摊商品成本、物流配送成本、平台交易佣金、品牌方库房、损耗、人工、办公费用和管理费，这样的零售现象合理吗？能持续吗？哪怕是毛利率比较高的商品类目例如服装、箱包、鞋帽，除非是个别特别高价的顶端品牌，绝大多数品牌以其售价标准和成本倍数，根本无力支持这样高的收费。

现在网络上有一个名称叫傻白甜，在我看来，一个社会有足够多的傻白甜是社会进步和文明的标志，如果每个人都精得跟孙猴子似的，处处要用心提防，那这个社会是灰暗的，人性是扭曲的。问题在于，绝大多数的网红主播，恰恰利用的就是傻白甜的信任和跟风，赚的就是这些人的钱。主播们总是要说：粉丝们，今天我给你们带来了多少优惠，替你们节省了多少多少钱，买这个商品又有多么多么划算。每次听到这话，我总在想，还有最重要的一句话没有说出来，各大平台是不是应该强制性地要求主播们说出这句：以这个价格，粉丝们每支付100元，我能拿到50元的佣金和播出费。我不相信，当这些所谓的傻白甜知道这个数字后，还会一如既往地当主播的死忠粉丝。

直播的火爆，不奇怪地也就出现了N个大坑小坑：

商家/主播给用户的坑：商品标价虚高，号称从 149 元打折到 69 元，买到手以后和市面同类商品比较，还远远高于市场价。

MCN/主播给商家的坑：一是费用的坑。直播基本上都是固定收费即链接费加上销售佣金，对于主播的播出销售效果，商家提前无法判断。MCN 机构和主播会提供一些过往的数字，如粉丝数、观看人数，这些大多都是注过水的。很多时候话说得很漂亮，但一场直播下来，销售额还赶不上支付的链接费，商家基本就被埋到坑里了。大量直播的失败原因，在于肩部、腰部主播并没有那么强的带货能力，但又想挣快钱，开出的链接费远远高于其实际销售能力，加上主播自己对商品不熟悉，推荐的商品品类过于宽泛导致专业性不足等。由于主播和 MCN 对于销售不做任何承诺，也就是说，销量再惨淡，他们也不会负责任，因此只能由商家单方承担所有风险。二是库存的坑。2019 年双十一，有一个新兴的护肤品牌和著名的头部主播合作，说好的八场直播排期，费用也都提前支付了，为此商家紧急安排了几千万货值的生产，结果实际只播出三场，导致价值 2800 万元的库存积压，至今苦不堪言。

商家给主播的坑：商品品质达不到事先规定的要求，这方面的例子很多：李佳琦的不粘锅现场翻车，罗永浩带货的 520 鲜花变烂花，某位达人直播的小龙虾因变质问题被消费者投诉，快手一位头部主播也被媒体曝光和商家联起手来销售假货，等等。

主播给 MCN 的坑：主播大多通过 MCN 孵化培养，打造一个主播需要机构大量的货币化投入和风险成本。早期孵化培养新主播的时候，一名主播每月销售三五万元，入不敷出，靠 MCN 机构花钱养着，等到主播粉丝数上来了，月销售过 50 万元，主播又觉得不想与机构分成，想自己出来单干。经营 MCN 机构最大的风险就是主播的培养，以及与主播关系的维护。主播不火的时候要投入资源培养，火了很可能就自己独立或者被其他机构挖走了。虽然都有合同约束，但主播是一个经营个人 IP 的行业，不像拍电影、电视，需要大的团队、好的剧本、大规模资金投入等。直播只需要注册一个账号，有一部手机就能运营，所以主播如果想单飞跳槽的话，合同的约束力有限。

更不用说现在有多少培训机构搞收费式主播培训，这里又有多少坑。

主播、MCN 机构、第三方代理、商家，在直播红利期，大家想的不是相互成全、互为依托，而是相互榨干对方的油水，互相挖坑，互相躲坑。直播带货火爆背后，折射了电商行业多年来的浮躁。

虽然直播这么火，但是有一个现象不知大家是否注意到了：劣币淘汰良币，好的品牌在直播间愈发少见；虚高标价，以支撑主播高昂收费；零售行业丝毫没有因为直播带货优化流通成本。如今各大平台直播带货的主力销售，都不是国际大品牌，这种情况与当年的电视直播十分类似。

为什么？国际品牌和优质品牌无法承受高额的流量费用，而且其销售实行的是统一定价，不可能无限度地每次都给直播历史最低价，它们能够支付的链接费和佣金比例一定低于新品牌、杂牌。对于主播们来说，用几个知名品牌装点门面，更多的销售利益来自小品牌。

小品牌们怎么做呢？这些新品牌、网络品牌为了支撑高昂的直播链接费和扣点，对用于直播的商品虚高定价，只有通过提高定价，给予大幅度折扣和支付高额直播费用，才能把这个生意做下来。流量费日益高涨，最终吃亏的其实是消费者。

直播是一个火爆现象，风口的机会不能熟视无睹，但却不可人云亦云，当年的千团大战、共享经济，都是一阵狂风刮起。火爆的背后的确有机会，但更多时候意味着很多陷阱，稍有不慎就会让商家粉身碎骨。这里有两点入场提醒：

一是直播机构的承诺不能兑现，有不少企业为了抢618、双十一活动，提前报名头部大号，锁定直播排期，被通知商品入选，接下来就进入交费，锁定库存，承诺最低价的流程，上百万直播费提前交了，为了保证直播机构的库存要求，紧急向工厂补充了几千万的订单，一切就绪。结果呢，协议好的有一多半不能准时播出，导致大量的库存积压、苦不堪言。

二是不能相信主播告诉你那些过往的销售数字，那都是注过水的。我们曾经与一个快手主播合作过，某某妹儿，号称粉丝几百万、每次直播50万销售额的主播，要价是链接费2.1万元，佣金30%，结果一场直播下来，实际销售7000元。这种状况在直播行业十分普遍，从事主播的大多是个人或者小机构，缺乏基本的规范约束，张口多少粉丝数闭口多少过往销售额，根本没有任何数据支撑，许多商家被深深地陷到这个坑里。电商行业有刷单造假销售的陋习，直播汇总的销售数据，至少掺杂了两个水分：成交额不等于支付金额，有30%—40%下单后是未付款的，因为主播搞那种54321的抢购噱头，很多粉丝图手快下单，但没有实际支付。另外，支付后的退款率有10%—15%，当时头脑发热，被主播以类似当年电视直播侯总那样忽悠一通，事后感觉后悔，退单率远远高于电商正常运营的比率，甚至于高过双十一大促的退款率。

对商家运用直播的几点建议：

一是守住底线。年度618大明星的主播场，收费80万元，佣金30%，主动联系上门的机会，我们坚决拒绝。因为无论如何都算不到盈亏平衡点。团队提醒我说：竞争品牌都上了，我不为所动。别人要往火坑跳，那是他的本事，我们没有那么强的防火功夫，别引火烧身。

二是维持品牌价格体系，坚持统一的直播优惠价。每个直播机构都要商家给出历史最低价，今天张主播要你给到158元，明天李主播要148元，下周王主播说128元才能做，最终品牌的价格体系无从维护。

三是不要幻想直播用户复购，用户是主播的粉丝，基本上就是一锤子的生意。

四是作为一个品牌商、零售商，我们的任务是降低流通领域费用，把实惠给到消费者，如果一个流量引导渠道要截断你销售的50%作为其直播服务费，这不可能是一种良性可持续的带货模式。

五是尽量和直播机构商务洽谈，中间机构MCN在这个领域能起到的作用有限，要么难以联系到优秀的主播，要么乱叫价，费用层层加码。我们上年年底谈好的一个主播，链接费3万元，不久前中介很激动地告诉我，排期确定了，三天以后可以上播，费用是10万元。我表示不解，对方很理直气壮地说：现在行情不同于上年了，挤都挤不进去。我的回答更直接：费用加三倍，销售能增长三倍吗？"这怎么可能?!"对方觉得我异想天开。

电商直播无疑在流量为王的线上零售中发挥着重要作用，但它到底只是一阵风，还是可以形成一种可持续的线上销售模式，关键还是要看这个领域的流量成本，本身有没有能力创造出优秀性价比的通路销售模式，这个赛道有多大容量，能保证容纳足够多的销售投放，以及从外部环境上看，还将有什么新的流量洼地脱颖而出。流量热点往往伴随着新技术的诞生、新的社交模式的发展而瞬间爆发。小红书种草曾经是一个非常受欢迎的内容引导销售路径，以前有过蘑菇街美丽说，也是通过分享的形式促成电商交易，但最后出现停滞，缘于新流量洼地的出现和用户兴趣点的迁移。就目前的情况而言，直播适应了当下粉丝经济的需求，但其居高不下的流量费用和远低于日常运营的用户复购率，无疑对这个新兴领域的纵深发展提出严峻的挑战。判断一个流量渠道是否具有可持续性，不能仅仅看这个渠道当下有多火爆，一阵风的现象我们都见识了很多次。人云亦云的盲目跟风，很容易造成企业的严重损失。任何渠道流量的价值，说到底还是成本和容量，流量成本如果高到不合理，容量如果不具有广泛性，终将难以持续。

3. 新国货的机遇与挑战

　　如果总结过去四十年中国零售行业发展路径，我们看到的一是速度，二是品牌和商品的极度丰富。

　　20 世纪 90 年代，曾经有一股以港台企业和南方企业家为主力的国货潮兴起，例如服装的佐丹奴、美特斯邦威，鞋履的百丽，护肤品的丁家宜、小护士，那时候面对的国内零售市场环境是商品奇缺，国有企业款式单一，以连锁专卖店的形式经营，作为那个时代引领风潮的时尚代表很受欢迎。后来随着更多洋品牌的进入和网络销售的起步，这一轮的港台货、准国货品牌大多走向没落。伴随着中国加入世贸组织，电子商务的兴起，过去二十年消费品牌，特别是中高端产品在国内的发展，一直都是以国际品牌和区域性知名品牌作为销售的主力军。

　　很多时候大家不理解，明明是产于中国的商品，贴上一个洋商标，售价往上翻几个跟斗，销售还有保障。这时候就有批评的声音说我们的消费者崇洋。

都知道中国是全球商品最大的生产加工基地，从奢侈品到苹果电脑，我们日常见到的洋品牌中有80%以上产自中国。中国制造、洋人品牌、中国销售，成为一个很独特的零售现象。

洋品牌能获得众多消费者青睐，有几个无法替代的原因：

设计能力。我们是一个生产制造大国，但是在款式、配方、工艺等方面，国内总体上缺乏过硬的核心技术。

品质监控。同样的出产商品，国外品牌的品控要求多年以来比国内严格得多。我们多年来一直有一个销售专有名词叫"出口转内销"，人们觉得这是一种物美价廉的标志，殊不知出口转内销大多就是品质未能达标被淘汰下来的次品，结果成为热销货，这也从一个侧面说明我们的品质监控不严格。

知识产权。这里不仅仅指某种专利、发明，对于商品的许多包装图形、外盒设计、独特香型的勾兑，洋品牌更加重视知识产权，从而让消费者产生依赖感。

品牌营销能力。对于品牌的定位、目标用户锁定、产品功能与作用的诠释，在营销上洋品牌具有更强大的整合运作能力。

如今，这种状况伴随着国人走向富裕，以及新一代知性用户的崛起，行业格局正迅速发生着变化。

如果说中国零售正在从追求数量的上半场走向关注质量的下半场的话，中国品牌在今后二十年具有极大的发展潜力。

第一，年青一代"80后""90后"成为零售的主力消费群体。跟他们的父辈相比，年青一代的消费追求和消费主张出现明显的变化，他们不再是一味地追求大品牌，而更多注重消费的价值主张，他们热心于寻找与自己的消费价值观更为接近的品牌和商品。从设计理念到原料构成、款式、包装等等，契合消费者消费的价值主张方面，国货品牌无疑有着文化认知上的明显优势和更为柔性的供应链。所以新一代的用户需求，客观上为新国货的发展提供了很好的市场环境。

第二，近年的国际宏观经济大环境，正在从全球融合，减少贸易壁垒，走向相互提防的岔路。中美的贸易纠纷，多国出现的贸易战，导致许多进出口路径不再那么通畅。国家也在强调拉动内需，强调为国内制造寻找销售出路，强调供给侧的改革。整个大环境对于新国货的发展提供了利好机会。

第三，电商行业的普及和成熟，成为新国货培植的良好温床。任何新品牌的兴起，需要市场空间，需要销售载体，电商平台容量大、覆盖面广，毫无疑问顺应了新国货品牌快速营销的趋势。在实体零售时代，一个品牌从创建到成型往往需要数年时间，而今天互联网时代，只要适销对路、定位准确，几个月就能造就一个有影响力的品牌。

第四，来自生产端的提升。我们都知道，经过几十年改革开放，国内有大量的企业已经具备生产国际一流产品的生产制造能力，它们可以承接国际一线品牌的订单，也同样有能力接受国货品牌的加工委托，不仅仅制造，还包括款型的设计、研发，中国生产企业的综合能力已经与国际高度接轨。这几年在市场上脱颖而出的新国货品牌包括小米、严选、名创优品等，借重的都是中国生产企业的制造能力。国内生产能力的提升，客观上为中国品牌走向更多日常消费者，提供了一个基本条件。

第五，上文提到的几个洋品牌吸引消费者的能力，从设计、IP开发、营销能力各方面，新国货品牌正在迎头赶上，在一些主打年轻用户的关键商品类目，例如服装、家居用品、数码周边等，新国货的设计研发以及营销能力甚至都已经后来居上，大有超越洋品牌的势头。除了品质监控，以及由此引发的产品质量稳定性，这方面至今仍是国货的短板，文化深处那种"差不多就行了"的潜意识依然随处可见。（当我购买一款小米行车记录仪，出现录像多次自动断档时，几次联系客服都得不到妥善处理，来回折腾了两个月，实在受不起那个累心，只好扔到垃圾桶里。）

既然在新零售大背景下，新国货具有广阔发展空间，天猫、京东近两年的销售数字也验证了国货潮的兴起，那么如何抓住这个机会呢？

新国货的销售定位，可以是渠道品牌，或者自有品牌。如果要充分借重新零售时代红利的话，我更看好自有品牌。

自有品牌是将品牌研发、生产、营销及终端渠道销售合为一体的新兴零售模式，它属于零售商品牌，是商业零售企业自己创意并使用于所经营的商品的品牌。自有品牌是商业零售企业通过收集、整理、分析目标消费者对某类目商品的需求信息，通过自行或委托研发，选择合适的生产企业进行开发生产或自行设厂生产制造，最终在自建渠道销售。这种现象在欧美发达国家大约有三十年历程，销售占比为 5%—8%。在我国，自有品牌的销售占比大约为 0.5%，处于刚刚发芽阶段。

与渠道品牌相比，自有品牌有其独特的竞争优势：

用户优势。自有品牌是窄众生意，在任何一个商品类目中，销售渠道品牌所能获得的用户基数，一定几倍甚至几十倍于销售自有品牌的潜在用户数。也正是这种窄众生意的定位特性，客观上使得品牌方与目标用户的契合度更高。所谓的物以类聚人以群分，经营自有品牌在用户端的最大优势就是能够更有效地保持目标用户的活跃度和复购力。同时，由于顾客只能通过品牌方自建的销售渠道进行购物，渠道的唯一性也避免了价格混乱等销售端的管控问题。

价格优势。自有品牌的生产主要是零售商提出产品设计及生产要求，并选择生产加工工厂承接生产，然后通过自己的营销把产品推向市场。这样做的显著优势就是减少流通环节，使品牌方同时兼具零售方的角色，有效降低产品流通成本。质优价廉是自有品牌商品的一大优势。

产品优势。自有品牌意味着在林林总总的众多品牌中独树一帜，提升产品识别度，避免零售企业面对同一品类商品之间一味的价格竞争。品牌目标用户一旦明确，商品的特色随之形成，有助于通过对标开发的产品锁定用户，获得市场的竞争优势。

那么从哪里下手发掘新国货自有品牌的机会？

从销售数据中入手。这是新零售时代产品开发的最好机会，看一下线上销售最好的产品，从功效、规格，到香型、包装、价格带。闭门造车的时代早已过去，再好的市场洞察力都不如直接的销售数据来得准确、客观。

寻找品牌集中度较低的品类。品牌集中度意味着进入门槛，类似手机、笔记本电脑以及奢侈品包包，都是品牌溢价率较高、消费者购买时品牌驱动性很强的类目，这些不是自有品牌容易触及的商品群，反过来，类似服装、儿童玩具、护肤洗涤用品，这些类目受众面广、品牌集中度低，而且还有较高的毛利支撑，是自有品牌值得特别关注的领域。

注意商品的复购周期。自有品牌强调的是目标用户的复购能力，没有复购特性的自有品牌难以维持持续性经营，这就需要特别留意所经营商品类目的复购周期。复购期、毛利率、商品单价构成自有品牌的三角形研发矩阵。

近年来自有品牌零售在欧美发达国家发展迅速，成为渠道零售之外的另一个重要零售形式。我们看到的统计数字，欧盟各国的自有品牌占零售总额的 8%—10%，而中国只有 0.5%。中国的零售环境是以平台模式为主的，线上有天猫、拼多多，线下有万达、大悦城、万象城等等。这种以大型平台占据零售统治地位的零售环境，对大品牌、成熟品牌来说是一件好事，只需要集中于几个主要平台就能覆盖大多消费群体，但对于新兴品牌，以及中小零售渠道来说，它们的发展空间恰恰被大幅度压缩了。新品牌知名度不高，平台对你不感兴趣，或者索要特别高的进场费。中小零售商受制于大平台的流量压力，销售渠道品牌商品几乎没有利润空间，所以市场的下一个值得开发的机会恰恰在于集生产品牌和零售品牌于一体的自有品牌零售，这是一个在巨头强势压顶下获得生存发展空间的机会，自己的牌子、自己的渠道、自己的用户，具有最大限度抗击超级巨无霸大平台冲击的能力。

自有品牌既然是集生产和零售于一体，势必面临哪个方面是侧重点的问题。需要明确的是，自有品牌零售，说到底还是一个零售品牌，只不过销售的是自己设计、生产、拥有商标知识产权的商品，因此自有品牌零售一定是一家零售企业，而不能认为是设计或者品牌公司，这也是不少做自有品牌的创业者容易出现的偏差。

需要特别强调的是，自有品牌不是简单的贴牌。很多时候，网店经营者觉得销售渠道品牌的商品毛利不足，试图以走捷径的方法注册某个商标，从设计、生产到包装都采用外包加工的方法，这不是自有品牌的长久之路。自有品牌通常在生产加工环节需要借助第三方，但产品的研发和营销需要由品牌方操作和把控，否则就会背离以品牌打动用户的初衷。

这几年新国货运营不成功的案例，最主要的还是因为缺乏对品牌概念的认知，仅仅做成一个贴牌销售，甚至很多时候委托加工的都是用厂方的通用款型、通用配方。固然，国内许多工厂具有优秀的制造能力，也常年接受外单，它们通常是长于生产，长于制造，但对于产品研发和品牌定位基本无感，否则这些生产企业就不会长期处于生态链的最末端。任何自有品牌，如果没有清晰的目标用户定位，没有自己的研发能力，没有与他人不同的营销路径，这个品牌就很难打动用户，无法与成熟的品牌抗争，只能卖白菜价。这方面有不少成功及失败的案例值得借鉴，包括很多淘品牌、新兴网络品牌。

当我们致力于新国货，致力于自有品牌耕耘的时候，束发明志，需要有足够的耐心，新国货势头正起，但自有品牌的发展一定不是一蹴而就的，我们不能指望用几个月的时间就打造一个全新的有影响力的品牌，或者寄希望于几次直播就能收割几十万用户。如果追求快速的规模发展，经销卖货、经营成熟品牌的商品反而简单得多，只可惜在渠道销售这条赛道，最好的机会已经被天猫、京东、万达拿走了。如果今天我们理性分析新零售下的蓝海机会，更多的发展空间恰恰在于围绕新国货的品牌打造，借助新零售大环境的时代红利，把中国制造介绍给更多的消费者，这是一条潜力巨大的赛道，但需要明确的方向、坚定的信念和持之以恒的执行。

4. 盒马之殇

　　作为阿里新零售的排头兵，盒马鲜生可谓赚足了眼球，它带着近十几年电商成功冲击地面零售的光环，铺天盖地的满是一片美誉。一时间，所谓体验式新零售风生水起，据说高峰时，北京的一家盒马店一天之中就有几十拨零售同行取经。我有一次在盒马店购物，正好店经理从我身边走过，带领着一堆媒体记者，一群人扛着摄像机，有句话不经意间飘入我耳朵：我们这是沃尔玛加深夜食堂加天猫超市。

　　好一个漂亮的概括。

　　欢呼声之余，值得注意的是，盒马鲜生已经开了数百家门店，至今没有实现规模性盈利，我不知道这个美丽的故事还能讲多久。

　　盈利才是硬道理。这原本是零售行业，甚至所有企业最基本的准则。这个准则在互联网时代，被众多网络公司、被大型电商平台轻飘飘的一句话推翻了，铁蹄踏过，田间一片倒伏的麦苗。

这句话就是：今天不挣钱是为了明天挣更多的钱。

逻辑上是听得懂的，圈地运动，靠烧钱获取用户，形成规模效应，构筑垄断壁垒，然后再来薅羊毛。何况，中国电商是平台模式，用户的每次购买，平台坐收渔利。

这个逻辑有两个前提：动手够早，能抢在行业发展的初期阶段；有足够充分的资本背书铺路，后续的规模效应能有高额利润产出。

电商平台本身就是赢家通吃模式，通过独辟蹊径获得海量用户，再把这些用户反复售卖给平台上的商家，收取用户流量费，类似我们每家每户用水用电，都得支付水电费。所以电商在中国，寡头效应明显，而电商的行业存活率远远低于其他行业，也是必然。

成功的电商企业觉得，线上这种先亏本再赢利的模式已经被证明有效，同样的套路，何不也搬到线下，那里还有许多等待收割的用户。

根据媒体报道，盒马鲜生 2016 年 1 月第一家门店开业，至今过去四年多了，按每家店投入成本 2000 万—3000 万元计算，目前全国开业二百家店，仅仅开店投入，就不下 50 亿元。当然，对于它的"富爸爸"阿里来说，这是一点点小钱。

我不敢想象任何一家大型的线下实体零售，从沃尔玛、家乐福到麦德龙、乐购，敢于在赢利模式不明朗的情况下先开二百家店再说。

相较于电商巨头，线下零售就是穷人，所以，富人的世界穷人看不懂。

盒马鲜生拥有超高名气和自带品牌流量的关注度，但太大的名气、过多的捧场，容易忽略了做生意的目的就是盈利这个商业本质。

盒马鲜生有点像中国古代传说中的孙悟空，突然就从石头缝里蹦了出来，无所不能。根据其官网介绍，盒马的优势在于：就近居民30分钟送达，全温层免费配送；一站式购物；线上线下打通；还有大家介绍最多的现场加工，海鲜堂食。媒体报道说，盒马鲜生与传统零售最大区别是，运用大数据、移动互联、智能物联网、自动化等技术及先进设备，实现人、货、场三者之间的最优化匹配，从供应链、仓储到配送，盒马有它自己完整的物流体系。

说实话，这些我没有看出什么特别的亮点。就近配送，这种服务延伸线下零售已经做了很多年，一站式购物，所有大型卖场都是这么布局的，这是三十年前的推广口号，现场加工倒是其卖场的一个鲜明特点，因为零售商场卖海鲜是按斤论两以重量标价，而餐馆点海鲜则是以份计价的，现场加工制作后，用户价格对比的参照物变了，觉得这一盘炒花蛤只要25元，好便宜。这个服务线下零售议论了很多年，但各个大型实体零售都做得不尽如人意，很多大卖场的美食角基本上就只提供快餐。

海鲜现场制作是一个好的概念，让消费者可以用很低的价格现场美食一餐，但是在实际操作中，体现的是卖场经营者对于人流量高峰低谷的处理能力。这恰恰不是电商基因里具备的，它们很懂得运用服务器疏流来解决电商平台促销时段的访问量，但未必知道柜台前同时涌入20个人怎么处理。很多人抱怨在盒马鲜生现场加工要等候40分钟，这就是忙的时候丢掉客人，闲的时候找不到客人的管理缺陷。

电商和线下最大的区别是空间容量，电商平台搞活动，可以瞬间涌入上百倍访客，只要服务器不宕机，其他无须多虑。而线下零售，再好的卖场都无法容纳十倍客人同时光顾。如何在一个有限的空间里疏导和服务好每一位客人，提升用户的提袋率，这正是线下零售苦苦琢磨了几十年的课题。

为什么要有品类管理？既然货架空间有限，用户需求各不相同，怎么做到在十米货架陈列区域把尽可能丰富的商品展现出来？一名好的品类经理，在同样的空间里可以创造出比对手高出三到五成的销售。不仅仅靠低价，或者靠多引入几款商品，而是研究产品相互的组合，包装规格的大小，陈列位置的高低，这些都是学问。为什么卖场货架上，通常要把最知名的品牌放在同类陈列的左侧，因为人的浏览习惯更多的是从左到右，左边陈列给予人最深的第一印象。我留意过盒马销售的麦片，即食、半速溶、煮食麦片，多种商品的选品不成逻辑，顾此失彼，缺乏基本的品类概念。陈列更是缺乏销售数量逻辑，导致的是有限空间未能得到充分利用。举一个例子，如果 A 商品的日均销售高于 B 商品一倍的话，A 品的陈列空间、件数也应当是等比例布局，这样才能最大限度避免商品在货架上的售罄或者滞销。线下卖场提供现场加工服务本来是个加分项，如果是一家经营得当的线下卖场，一定知道在高峰期到来之前，提前预制好可以随手拿走的即食加工炒菜、海鲜，疏导高峰时段的加工需求。这些做法，我们在盒马卖场很难看到。可见，盒马鲜生虽然有好的新零售概念，但对于实体零售的细节化经营，尚有诸多欠缺。

在我看来，现有的盒马门店，可以做出特色的，一是商品的升级换代，二是真正做好体验式零售。

商品升级换代，这方面国内所有实体超市都远远落后于用户消费需求，特别是在重复购买度最高的快消品领域，实体卖场如今主打的还是和三十年前一样那些傻大粗的商品，面条是五元钱的纸筒包装，烹饪油还是大豆油调和油为主导，苹果销售不分等级和规格……这些年我们看到许多电商卖家大胆引入新品牌、新包装、新产品设计，例如进口乌冬面、速食米饭、一人份的火锅酱料……这些各大实体卖场还鲜有涉及。盒马这样的卖场主力用户是都市上班族和各行业白领，对小包装、便利装、精品、进口商品、健康食品这类的购物需求更为突出。

体验式零售不仅仅是海鲜加工，几乎每一个食品小分类都有现场体验式销售的潜力，例如咖啡体验区、奶酪体验区、葡萄酒体验区、茶叶品尝区，这样的体验可以常年进行，也可以根据不同类目轮换更替，既提升现场氛围，又能大大促进销售。传统卖场那种以一排一排货架为主的销售模式正在被更为活跃的参与式体验销售所替代。线上零售最懂得用户参与和分享，可是盒马的现场加工完全没有做出体验式零售的特色。

线下零售，店铺面积的大小一直是一个争议性的话题。大型店面多来源于欧美，小面积门店更多见于亚洲。很多时候，人们用统计数字来评测，得出的结果是，在中国，店铺面积越大，单位产出即坪效越差。行业基本的看法是，超市大卖场，800—1500 平方米的销售空间，更加适应国情。

毫无疑问，卖场越大，需要填充的每天消费人数就越多，而在交通高度拥挤的都市，除非你把大型卖场开到城乡结合处，否则你虽然定位五公里，但五公里处的人未必过得来。

商圈不是按距离远近决定的，那是美国散居式的生态，在亚洲社会，决定商圈的是到卖场的交通时间。十五分钟通常是有效的辐射范围。更何况，处在竞争激烈的超市大卖场行业，同等商圈覆盖范围内还有诸多竞争对手的分流。

盒马鲜生开设的大多是 6000—8000 平方米的大型卖场，以上述标准衡量的话，显然难以实现坪效最大化。在消费者，特别是都市白领消费者日益注重时间成本的大环境下，店铺面积越大，通常就意味着距离消费者越远。这也是为什么很多社区生鲜店、杂货店，经营本身没什么特点可言，但一个"近"字弥补了价格、选品、服务多方面的不足。门店越大，势必要求覆盖更大体量的消费者，时效性大打折扣，即便你推出 30 分钟配送，订单密度、单件成本也影响到门店的运营效率。所以有一句话说得很形象：在中国各个大中型城市，卖场面积越大，离顾客越远。

盒马开大店的主要目的在于造声势，如果把销售作为其首要考量的话，这样的面积做几家旗舰店可以，作为主力业态门店却很难赢利。近期，盒马宣布推出 Mini 店，看来它们开始意识到这个问题。否则，成本难以覆盖，终归不是一条可以复制的商业模式。店铺面积越大，开店投入的成本就越高，对回报数字的要求也就同步上升。除非能够把大店做成一个自带顾客人流的集散地，再来进行汇集后客流的二次分发销售，但那是商业房地产的概念。

盒马鲜生作为电子商务企业往线下实体零售延伸的排头兵，几乎成了一条鲇鱼，它不仅吸引了消费者的视线，还对实体零售产生了地震般的震动效应。曾经有这样一篇报道，说家乐福中国总部组织他们的高管团队去参观分析盒马鲜生的门店。但是盒马披着新零售的战袍闪亮出场，几年下来，除了在品牌建设方面风光无限，在

116

实体卖场的运营上面却暴露了外行人做实体零售的许多弊端。它的金主本身具有的是线上零售流量运营的经验，善于把握热门话题，懂得圈定用户，不断完善平台规则，提升流量变现能力，而如今进入地面作战，面对有限的经营空间，采取的又是这种买手制的"重零售"模式，他们面对两个亟须解决的问题，而这两个问题又是实体零售几十年来一直在努力提升完善的核心竞争能力：一是商品构建，包括品类管理、库存周转、定价学问；二是现场管理能力。

毫无疑问，盒马鲜生的生鲜部门，特别是海鲜部门是它的重中之重。我们在现场可以看到很多帝王蟹、螃蟹、龙虾、鲅鱼、海蛎……各种各样的海鲜，顾客既可以现场购买，现场烹饪，还可以选择现场提供的其他加工服务，这种现场体验的场景优于那些传统的实体零售企业。我们常说销售要有温度，在这一点上，盒马鲜生通过强调现场制作，以此来提升卖场的现场温度感，这就类似于大型实体大卖场，一定要有一个吸引人、香味飘散的面包坊。现场加工是盒马鲜生最吸引消费者的一个亮点，也是人群最足的一个促销领域，但离良好的用户体验还差得很远。我曾经三次在盒马鲜生的现场点过东西，平均的等待时间是25—30分钟，无数像我这种在下班时段进店购物的客人，都冲着现场烹饪的服务而来，这么一来，在高峰时段，现场的处理能力成为一个瓶颈，严重制约销售规模，很大程度上也影响顾客的购物满意度。店里人多忙不过来，这一定不是一个好的理由，毕竟你是一家零售企业，你把升级的服务业态带进来，这是对的，但是你的服务能力如果跟不上的话，本来成为你特点的东西，有可能反过来制约你进一步的发展，更何况生鲜本身就是一种重复购买、重复消费的商品，用户满意度下降影响的是商场对后续购买的保有率。

很多人都说，盒马鲜生带有大数据运作能力，有高科技技术含量。这些都是表面现象，盒马鲜生作为一个源于互联网公司背景的新型实体零售，核心在于对目标用户消费需求更加准确的挖掘并满足这些需求。为什么现场加工现场示范的动作，传统零售没有想到去做？因为，很多传统卖场为了图省事，把海鲜经营、面包烘焙这些最能吸引顾客的业务都外包出去了。我们不要轻易地被所谓的盒马鲜生是一个新物种，带有高科技的元素这些话给唬住。只有把数据转化为销售，转化为用户满意度，才有价值可言。

盒马鲜生的确抓住了消费升级，实体门店需要迎合更多年轻消费者购物需求的这个核心环节，以生鲜陈列和现场加工作为突破点。但仅仅有这个概念不足以支撑其几百家门店的运营，它所暴露出来的经营短板如果不能及时调整，接下来不排除会出现一轮新的关门潮。2020 年 5 月，福州盒马发布告用户书，宣布福州盒马博纳广场店和茶亭国际店暂停运营，这也是盒马在福州的最后两家店。此前，盒马在福州共有 3 家门店，其中福新店已于 3 月底关闭。关闭的原因很清楚，经营不善，亏损过高。过去几年，盒马过度膨胀，试图以新零售营造人设，而忽略了商业经营的基本要素，而且在很长一段时间，盒马一直被视为"新零售"的代表，在业界风头无两，甚至一些商业物业以能够引入盒马鲜生为荣，并为此不惜代价。现在看来，新鲜劲儿过去后，艰难的经营任务摆在盒马面前。

5. 打造爆品

爆品是互联网经济下一个最受关注的销售现象。

什么叫爆品？很直白，短期内能够卖爆的商品。

以销售数量计算的话，天猫、京东平台，某款日常生活用品要挤进当期销售前十位，通常 30 天内的销量需要达到十万件以上。当然，不同类目的爆品件数不尽相同。

零售一直讲究 80/20 法则，指的是 20% 的商品占到总销售的 80% 以上。到了电商时代，峰谷效应更加明显，出现的是 05/95 现象，即占商品总数不到 5% 的爆品和热销品，能拥有 95% 的销售。

爆品的核心，就是商品本身具有爆炸性。所谓的具有爆炸性，是它能够在短期内形成海量的销售，同时带有传播效应。我们看到网上形成气候的爆品，通常有这么几个很鲜明的特征：第一，它有极强的销售能力，能够在短期内让许多用户购买；第二，它具有快速的传播属性，用户不仅为其所吸引还乐意分享；第三，超高的购买转化率，一款爆品与同类目其他商品的点击转化率相比，通常能高出 2—3 倍以上。

之所以存在爆品现象，从本质上说，是因为在流量成本高昂的时代，商家及零售经营者试图寻找更好的流量变现窗口，这是爆品现象存在的最根本原因。爆品销售好，转化率高，意味着更低的流量成本。很多时候，商家还善于利用爆品来带动其余商品的销售，把爆品视为流量引导的有效渠道。

从经营的角度来讲，爆品既然有如此多优点，怎么去打造爆品？

从本质上说，爆品需要的是用户思维。

今天我们讲信息时代的零售特点，我们讲网络经济，最核心的是用户思维，就是围绕着用户去打造商品。这个和以前工业化时代，商品源于研发部门的创意和理念大不相同，围绕用户打造商品是信息化时代的最鲜明特征。工业化时代，商家的目标是供应链的优化和改造，把商品的功夫做足，然后拿着商品去销售，去触达用户。在这方面线下零售巨头沃尔玛的操作很典型也很成功，它通过大批量采购、集中运输，减少每件商品的生产和周转成本，从而以天天低价的经营模式建立自己的零售优势。

今天信息化时代，我们看到很多爆品的做法与工业化时代从供应链切入的经营模式截然不同，商家带着用户思维，从用户的角度去寻找与之消费相匹配的商品，寻找能够实现销售最大化的潜在机会，这是打造爆品最基本的要求。

具体地说，怎么能够打造爆品呢？我有四个建议。

第一，爆品需要有独特的卖点，可以是新颖的设计，特别的成分与功效，或者是能够打动人的款型。凡是能够打造成爆品的，通常产品本身都有一个特殊的亮点。这个亮点可能是它的设计与众不同，可能是它的款型风格特别能吸引人，或者是功能性超级强大。很多时候，爆品能产生火爆销售并不在于它是一款市面上没有的全新商品，而是其功效、风格、外包装元素能打动目标消费者。利用当下的热点也是树立爆品独特卖点的有效方法。例如，四年一次的世界杯足球赛季，每年一次的高考冲刺，生肖年更替的岁末年初，都是爆品打造可以借助的时令热点。拥有世界杯元素的装饰品能够在杯赛期间一个多月卖出百万件，带 USB 电源插口的驱蚊灯最受考生家长欢迎，这些都是很成功的爆品例子。虽然热销期不长，但热点突出，能够在瞬间产生爆发性销量。

第二，运用现成的大数据。寻找爆品不是一个闭门造车的工作，要善于利用现在网络销售的数据和公开可得的资讯。这里有一个小小的窍门，这个窍门只要你掌握了，几乎所有人都可能从这里找到爆品的突破口。

什么窍门？就是利用网上随处可见的销售数据。在主要的电商平台，例如天猫、淘宝、京东，在你所关注的商品类目里，去调研分析这个类目最畅销的商品的属性及特点。比如，你可以去看现在淘宝上服装卖得最好的是什么价格带、什么款型，也可以去京东看看现在最热销的化妆品是哪个类别。我有一个原先的同事，他从京东一个很小的商品类目里找到了男士补水面膜这个产品的潜在爆品机会。他发现男士补水面膜在网上一个月销售，排名前二十位的产品月销几十万笔，而且这个小类目上没有明显的大品牌垄断，这本身就具有打造爆品的最好条件。确定好男士补水面膜这个基本产品切入点，接下来就需要围绕这个产品，从研发、包装、材质、款型、营销用语，去打造你鲜明的元素。通过网上的销售数据，寻找最具有潜力的爆品开发路径，这反复被证明是非常直接有效的办法。

很多人其实忽视了利用网上销售数据这一个现成的销售分析切入点，喜欢自己搞一场用户调研。我当然不反对这种调研活动，但今天的时代跟以前不同，以前收集销售数据要靠自己去做市场调查、考证、抽样，今天网络时代所有的数据几乎都是公开的，就看你怎么用心，能不能从现有的销售数据中找到你所要的突破。

第三，利用好情怀让产品出色。用情怀来添彩，这也是打造爆品一个非常好的方法。

情怀运用得好，可以使一件很普通的商品充满温度，让用户对这个商品有一种情感上的认同。在网上做销售，温度把控得好，往往可以产生意想不到的高转化率和高传播率。前面提到的牙刷热销就是一个非常典型的例子。这款牙刷从产品本身看没有什么与众不同，但"每天早晨伴你醒来，每天晚上陪你入睡"充满人情味的赠语触动了无数用户，让大家愿意拍照晒单、推荐，它的详情页购买转化率高达10%。这么一句打动人的话语，印在精致的带有香水味的卡片上，一下子把一件冷冰冰的商品与用户的使用场景联系起来，让用户觉得拥有了一件体己、有温度的东西。这就是典型的从情怀角度去打造爆品的一个例子。

第四，爆品需要自带传播性。让商品本身会说话，这是三十多年前我刚刚进入零售行业时前辈们教给我的第一个知识点。互联网是信息爆炸时代的传播工具，这个载体使得爆品从先前线下零售的热销品升级成为一种商业现象。以前线下零售一直都有畅销品，例如燕京啤酒、费列罗巧克力，但受制于物理空间和有限的人群触达数，再畅销的单品在一个时段能产生的销售量也是有限的。而互联网突破实体零售的物理局限，爆品的容量被无限放大。一款爆款牛仔裤在电商平台周销售量能达到30万件。这种热销本身具有很强的自传播性，它能够在展示排名上挤进前几位，以最低的流量成本获得用户点击。还是以这款牛仔裤为例，淘宝平台在售的牛仔裤超过几万种，列表前三页之后的自然点击量趋近于零，商家希望减少流量的损耗，用户也同样面对各种信息的轰炸，普普通通的商品如果没有特别的亮点，往往就被淹没在茫茫信息堆里了。淘宝、天猫、京东，各自平台都拥有几亿种在售商品的宝贝链接，在京东首页搜索牛仔裤，销售品链接高达 87 万种，能够被用户至少点击一次以上的仅仅是一小部分，95% 以上的商品根本连一次露脸的机会都没有，除非花钱买点击、做广告。这个时候，爆品策略脱颖而出。

以获取最低流量成本为目标的爆品打造，需要巧妙地嵌入传播点，让感兴趣的和购买的用户能够乐于分享、点赞、传播。爆品本身就是通过聚焦方式，最大化地优化流量变现效能，自带传播话题的爆品能实现流量的二次使用。

有了好的产品、好的创意，爆品的运营是一个系统工程，其核心在于聚焦和全渠道。

所谓聚焦，就是商家在一个时间段里，把几乎所有的精力都放在这款潜在的爆品上，在网店首页登出，向所有用户安利，购买直通车关键词，参与所有促销活动。

所谓全渠道，指的是信息的全网覆盖，从商品上线发布，到软文推送、内容平台种草、达人推荐、视频直播……造成铺天盖地的传播效应。

爆品销售初期的用户评价至关重要，如果前一千名购买用户不能形成基本的口碑效应，这款产品成为爆品的概率就大大降低了。引导初期用户为新品形成良好口碑铺垫的形式有很多种，在产品本身被认可的前提下，可以通过点赞有礼、分享优惠等利他方式来刺激更多用户参与。

打造爆品并非只有一条路可走，不同经营者的能力和侧重点不一样。如果你是一个精于文案、精于段子推广的商家，那么热点营销应该是你的机会。如果你很善于设计、款型研发，很善于从现有的销售数据里挖掘新品潜力，就要善用你的这些能力，从这里寻找你的切入点。

爆品最吸引人的地方在于：爆品面前人人平等。打造爆品不需要大品牌的门槛，更不是大公司的专利，很多时候我们看到的成功网上爆品，更多来源于无名商家，如何把这个网络热销的机会变成你的机会，用一句很通俗的话说：就看你是否用心。

6. 转化率这个漏斗

　　电商流量有四个基本构成要素：活跃用户数，UV（即访问人数），购买转化率，客单价。

　　购买转化率是这几个要素当中变量最大的一个环节。我一直认为，所有电商公司和线上销售网店，只要下决心解决好转化率问题，就一定能够脱颖而出。

　　为什么这么说？依现在国内电商行业数字，用户访问后的购买转化率，平均值大概在1%—3%之间。换一句话讲，就是每100个访问你网站的用户（称之为UV），最后只有1—3个人完成下单购买。这个变量，我把它称为漏斗原理。

　　你一旦明白了这个漏斗原理，就能很清楚地了解这里的流失路径和改善机会。

　　漏斗是这样产生的：

第一步，用户登录，100人，不管是通过手机的App，微信的公众号，或者PC网站，首先用户进了你的门，好比在线下开店，顾客走进来了。

第二步，进入购物频道或者商品列表页（Listing），损耗一半，剩下50人。在登录访问和商品列表之间的这个50%跳失率，意味着有一半的用户只是看了你的网站首页，或者点击了你的网店页面，就离开了。商家花钱买流量广告，百度、头条，很多都是按点击付费模式，仅仅这个动作，就已经让商家损失了50%的投放费用。

第三步，从购物频道或者商品列表进入商品详情页。例如用户要购买李宁运动鞋，他从几十款运动鞋的列表页进入白色慢跑鞋这一款产品的详细介绍，包括图片、商品功能描述、型号规格。到了这一步，大致又会有50%的衰减，也就是说从原先的50人减少到25人左右。在这一步，用户浏览商家对产品的详细介绍、图文、视频展现，看看是否能打动他再点击往下走。到这一步，用户还处于购物的思考阶段。

第四步，从商品详情页，用户点击进入购物车或者收藏，这一步通常又有差不多50%的衰减，如果说前面进入产品详情页的时候，只剩下25人的话，到这一步可能只剩下10—12人了。在这一步，用户点击选择他要的款型、型号、颜色，然后进入购物车，进入收藏，或者直接跳转到下一个购物支付页面。

第五步，最后的动作就是付款。这一步的衰减比例最大，10-12人收藏，最后真正掏钱付款的只有 1—3 人。这是符合消费心理的，许多人会把感兴趣的产品先放到购物车里，但花钱支付的临门一脚，大多会犹豫或者放弃。调查数据表明，平均每个电商消费者的收藏和购物车商品超过 100 款，其中真正最后下单支付的不到10%。

上面的这个漏斗原理始终贯穿于电商发展的各个阶段，虽然表现方式有所不同。

这里提一个建议，作为一名从事电商销售的运营人员，如果你有心提升购买转化率的话，不妨自己拿一张纸画个大漏斗，然后把这个漏斗标明几个步骤，从登录到频道，到详情页购物车，再到支付，然后在漏斗的左侧写上行业的平均值，漏斗的右侧可以写上自己的经营数字，比较一下，一目了然。

掌握漏斗原理，是提升用户转化率最重要的一个步骤。很多做了好几年电商的朋友，都不是很清楚电商这个漏斗是怎么构成的，以及每个步骤导致用户流失的主要原因是什么。我们必须了解这个原理，只有了解自己的现状，才谈得上改善。

很多时候，人们总在抱怨缺乏天然流量，购买点击流量或者阅读流量价格太高。既然流量成本不是主观能力可以左右的，为什么不考虑完善自身的动作呢？3%的购买转化率意味着97%的流量浪费，如果我们仅仅把自己网店的购买转化率提升1.5%，那就等于我们的流量成本降低了50%。很多做电商运营的人没有从这个角度考虑，而这恰恰是改善电商经营最大的机会。

了解了这个漏斗原理之后，如何去减少漏斗效应，提升我们的用户购买转化率，这里有几个建议：

第一，注重首页布局。让网站首页或者店铺首页布局合理，能够吸引人，同时起到流量分发的作用。首页就好比湖面上的水，湖水是立体的，湖面是一个平面，首页的作用是流量分发，也就是要疏导访问者往水面以下探索，千万不能让用户只是停留于首页。记住，首页好比餐馆的门厅，起到形象引导的作用但本身无法产生销售。要想方设法让用户往下走。这里包括首页的图片、视频、文字是否能打动用户，页面布局是否合理，是否重点突出等等。网店可能有促销板块、新品板块、特价板块，甚至还可能有分享或者资讯板块，这几个板块之间的布局，是产品经理应该规划的。好的登录页面的布局就是能让用户对这个页面产生足够的兴趣，进入下一个购物环节，而不是看一下觉得很无聊就关掉了。一个有效的方法就是通过数据监测，看看每个板块进入的流量值，从而决定各个板块的权重和调整。

第二，缩短访问路径。大型电商网站商品包罗万象、品类繁多，更多依靠分类导航来疏导，这样做的好处是容量大，但同时带来了路径过长的问题。每架设一个路径都意味着一个衰减点，如果是小型网站或者网店，应当把商品详情页之前的访问页面尽可能压缩。例如通过微信大号推荐商品，就可以将引导用户购物的步骤简化为：文章阅读—推荐商品，点击进入商品介绍详情页—下单购买。记住：少一个点击路径，很可能意味着增加50%的销售机会，至于怎么在减少路径的前提下让用户了解商品，下决心购买，这就考验运营的硬功夫了。

第三，完善详情页描述。详情页是集产品功能介绍和促成用户下单推荐多功能于一体的页面，表现的形式多种多样，可以总结的知识点包括：①头图需要商品全景和局部图示；②短视频效果好于图片，但短视频之后需要图片，便于用户固态性浏览；③产品标题突出用户关注的功能点，而不仅仅是产品名称，例如滋润肌肤随时补水的××品牌爽肤水；④提供清晰的产品基础信息，最好是模板式介绍，包括材料、成分、产地、规格、有效期，使用注意事项等；⑤关于产品的描述尽量避免大段文字，现在大段文字很不受用户欢迎，通过精简提炼的关键字突出商品的特点，例如"发光瓶，让你的肌肤闪亮有光泽"，一下子就把用户的核心诉求点抓住了。这里有一个敲黑板的重点：描述文字从用户痛点、需求点出发，而不是你本身产品的卖点或者特点，用户不关心你产品有多么好，只关心他的问题能不能通过这个购买得到解决。

关于详情页的视频和产品局部图，我建议网店商家尽量使用原创。很多人为了偷懒用百度的下载图片，这样做有两个弊端：第一，可能导致知识产权的侵权；第二，用下载的图片很容易让用户觉得你不太用心，不能从情怀的角度打动用户，用户浏览比较的时候发现你的产品图片和其他卖家公用，你的印象分首先就没了。商家需要注重详情页的描述，让详情页的描述成为打动用户最闪亮的亮点。在详情页描述的时候，除了突出商品的特点以外，还要让用户觉得他可以放心在这里购物，包括商家的退货换货政策、发货速度、运输包装标准，以及商品证书、授权、其他资质或奖状等等，这些都有助于提高用户的购买欲望。详情页提供的信息是帮助用户实现从兴趣到拥有的决策过程，除了介绍产品的利益点，一定要通过这个页面消除顾客可能产生的疑惑。

第四，过往销售记录和评价的引导。电商用户是参与性最强的消费者，他们不仅仅看商家怎么说，更在意其他消费者如何做。所以任何累计销售旺盛和好评度高的产品，能大大提升购买转化率，这也是为什么积累起来的单品链接，商家往往不愿意放弃。电商销售的过往记录，包括这件商品累计的销售数量、总的评价数、点赞推荐数等等，这其实是给后来的浏览用户一个潜移默化的购买推进。缺乏过往评价的商品链接很容易丢失订单。

今天我们热议的信息时代的网络零售，在提升转化率上面有很多机会。

　　首先，大数据的信息匹配，网店展示千人千面，精准度更高，本身有助于大大提升购买转化率。为什么阅读新闻时越来越多的人舍弃百度改用头条？因为头条具有运用大数据匹配功能，知道你喜欢哪类的消息，有针对性地推送。网上销售也是如此。目前在这个领域，做得最好的电商公司当属拼多多。

　　其次，借助社交电商、大咖推荐等流量运用，不仅仅开辟新的流量入口，更重要的是它们具有较强的背书能力，能够有效提升购买转化率。以微信大号软文推荐为例，从这个流量入口进来的用户购买转化率，行业平均值大约为10%，较传统分类引导或关键词搜索的转化率高出几倍。如果商家借助大号推荐带入的流量购买转化率与日常运营的转化率类似，说明推荐的文案内容，或者推荐人设的匹配度出了问题。

7. 信息时代的自有品牌

自有品牌现象在国外零售业大约有四十年的历史。从超市、百货公司，到各种单一品类，我们都能在欧美发达国家找到自有品牌的身影。线下的德国折扣店阿尔迪，英国玛莎百货，护肤品的 the body shop 美体小铺，都是成功的自有品牌零售代表，在国内人们比较熟悉的有宜家家居、无印良品，以及新近比较火爆的名创优品。

自有品牌零售缘起的出发点，在于试图降低流通成本。零售商如果销售渠道品牌，例如通过零售网点出售可口可乐、宝洁洗发水，消费者需要支付品牌方的经营利润和零售商的运作利润，至少是两份钱，在其他因素不变的情况下，把品牌方和零售方合二为一，可以通过减少流通领域成本获得更有力的市场竞争地位。事实上，几乎所有的自有品牌零售，性价比都优于同类的渠道品牌。以德国阿尔迪为例，消费者常用的米、面、油，咖啡、奶粉、饼干，以自有品牌供应，其售价大致比销售各种渠道品牌的超市便宜 10%—15%，低价成为它占领市场的有效武器。

另一个显著的特点是提升顾客的忠诚度。因为自有品牌是独此一家别无分店的经营，用户一旦喜欢你的产品，就能长久地成为你的客人，从而避免仅仅靠促销让利拉动销售。在流量日趋昂贵的今天，用户的复购行为成为零售商能否获利的关键，而品牌的唯一性，强化了用户的购物忠诚度。

当然，我们也需要正视自有品牌零售的天然短板，包括：①品牌培养扶持期较长，做一个自有品牌的零售商不比开一家卖场卖别人的东西，后者销售的商品天然具有用户认知，大家比拼的就是服务、价格。一个新兴的自有品牌如何让用户相信你，愿意购买或尝试你的产品，这是一个困难的营销过程。好在互联网时代的试用、转发、点赞，在很大程度上为自有品牌的传播提供了信息路径。②自有品牌零售难以在规模上与销售渠道品牌的零售商比对，两者是不同的赛道，对此要有清晰的认识。这个道理很简单，一个消费者走进护肤品集合店，店铺里陈列有几百个不同品牌的商品，而走进自有品牌店，则只有一个品牌，论汇总的销售规模，前者一定大于后者。所以，自有品牌零售在交易额方面，只能与处于同一赛道的同行相比。以欧舒丹为例，2018 年该公司在全球拥有 4840 个实体销售网点，年交易额 13 亿欧元，从规模上不及一家区域型的中等零售企业，但它的销售毛利率 83%，年度经营利润 10%，这个数据远远优于渠道零售商。

对于任何试图进入自有品牌零售的企业来说，首先的权衡抉择在于当你同时在商品品牌和零售品牌两个维度展开的时候，你的基础落脚点放在哪个环节？毫无疑问，自有品牌零售商需要两个方面的结合，但企业的根基必须放在零售端，确定你的目标用户，服务你的目标用户，希望用你自身开发的品牌产品满足你目标用户的消费需求。能够做出和你类似商品的品牌商很多，拥有研发能力和生产能力的工厂也随处可见，你不太可能在生产端超越对手，你的机会在于别人研发生产出来的产品需要借助第三方销售公司实现零售流通，而你拥有自己建立的零售渠道，这是你最大的优势和生存命脉。

中国这几年进入自有品牌零售的快速增长期，随着国人消费水平的提高，商品越来越丰富，交易越来越兴旺，琳琅满目的商品给顾客提供了足够多的选择。这当然是一个好现象，只是在这个好现象背后，我们看到了这样一种状况：平台模式独大，导致的是流量成本的上升，顾客挑选商品的成本，尤其是购物的时间成本增加了。

由于渠道商销售的是品牌方的产品，在销售中相对处于被动状态，像不同款型的研发速度、品牌定价的高低、品牌对销售淡旺季的判断等，很大程度上影响零售方的销售前景和对用户的吸引力。

而自有品牌这种零售业态，说穿了就是单一品牌，聚焦于一种风格，统一的销售定位，自己深入供应链的研发，自己建立销售网络，从原始设计和制造到商品包装宣传定价和销售，提供的是一种排他的场景。

在线下，宜家家居是这种模式最典型例子。虽然宜家的销售体量不大，但作为一家行业关注度极高的独特的零售企业，它的定位和影响力非常别具一格。大家都知道，宜家的定位就是年轻用户，紧凑的居住空间，小资生活，小资情调，以满足 25—35 岁年轻用户群体对居家生活的基本需求为主要目标。在明确定位用户后，宜家强调的是节省空间，简约北欧风，所以它的产品设计会强调空间的有效利用，强调工艺设计的精巧。线上自有品牌零售企业网易严选基本上也是这种定位，首先，它走的是黑白灰的基本色调，选品以居家生活的日用品为主，比如箱包、鞋帽、内衣裤，厨房、餐厅、卧室生活必需品等，强调商品的材质，其整体风格就是颜色素雅朴素，外形设计流畅且简约，针对的用户群体主要是都市的白领。而名创优品则是把原先路边摊的小杂货通过品质升级搬入了购物中心，吸引的是大量小白用户。

自有品牌在线下发展行之有年，电商的自有品牌零售则步履艰难，过去这些年诞生的许多网上淘品牌，例如三只松鼠、韩都衣舍，更多的还是渠道品牌，只不过卖家主营的是自身注册的品牌。既然还需要依赖平台的流量销售商品，就意味着自有品牌零售作为产品品牌和零售渠道品牌两者合一的条件并未具备，依赖的还是第三方的流量。

中国电商流量的高度垄断，客观上限制了网上自有品牌的发展。如果一个品牌在线上的生存状况是有销售无客户的话，那么归根结底，它还是一个渠道品牌，只不过通过在网上经营自己的牌子，获得一定的用户认知和较高的毛利空间。在电商自有品牌的发展中，网易严选和小米大概是比较成功的两家企业，它们有能力通过自身建立的线上销售网络，实现直接的用户触达。

在实际运作中，自有品牌零售有这么几个特别值得注意的核心问题：

一、不要指望大小通吃。典型的渠道零售商，比如线下的沃尔玛，线上的京东、苏宁，可以通过丰富的商品展现吸引各类潜在用户，而自有品牌零售的出发点，就是只服务于一个特定的用户人群，这是一条窄道，容量小，以鲜明的个性化特征见长。

二、有吸引力的高性价比是成败关键。渠道零售卖的是第三方品牌的商品，所以它的商品丰富度优于自有品牌，但因为它卖的是别人的品牌，性价比肯定低于自有品牌零售。为什么？很简单，同样的一块蛋糕，从研发、生产制造，到品牌方、经销商、批发商层层分润，最后到零售商手里，不管是线上的 B2C 网站，还是线下的实体卖场，从价格上来讲，渠道品牌的产品售价势必高于一站式深入供应链的自有品牌零售模式。

三、着力于中低消费定位。在过去十来年，中国消费者的层次化特征已经非常明显，中产阶级有自己独特的消费观，他们不喜欢花里胡哨的包装，更注重环保，追求简约，年轻人则喜欢即用即抛，更加看重性价比等等。20—40岁无疑是自有品牌零售的主力消费对象。不能把自有品牌做成一个高高在上的高端品牌，否则靠自身建立起来的用户基数难以承载其销售体量。

四、用户复购能力是核心。没有强有力复购能力的自有品牌，容易沦为其他渠道品牌的陪衬，这些年很多淘品牌为了拼销售，在618、双十一等年度大促活动中大幅度降价促销，很多成交用户都是一次性的，网店运营呈现无赠券不光顾的特点。在流量昂贵的电商领域，促销活动对于自有品牌零售商而言，其意义不在于产生了多少交易额，而在于能够借助这样的活动沉淀下来多少用户，如何让这些人成为你的品牌消费者。毕竟，当你销售自身品牌产品的时候，品牌本身成为你最好的识别特征，如果你作为自有品牌的线上零售，顾客的复购能力不能几倍于渠道品牌，那你的自有品牌特征就无从谈起。

五、自有品牌不等同于贴牌。很多时候人们误以为注册一个商标，随便找几家工厂加工，就能一闪身进入自有品牌频道。自有品牌需要产品研发的介入，对供应链的深度把控，这一切都是围绕自身定位的主力用户展开的。我有一个朋友从事自有品牌护肤品生意，定位的是年轻的单身男性。他的全系列产品开发，包装规格小，携带便利性强，使用场景特性鲜明，其中销售最好的几款单品主力客户就是经常去健身房锻炼的用户。

六、选择品类的学问。自有品牌零售，通常需要在复购周期短、大品牌集中度低、价格优惠空间较大这些类目中寻找机会，例如服装箱包、干货零食、日用杂货，都是很有开发价值的商品类目。在具体操作上，又分为跨品类的多类目自有品牌，例如无印良品、小米，和单一类目的自有品牌，例如欧舒丹。

自有品牌零售在流量高度寡头化的中国电商，有机会成为继买手模式、平台模式之后的第三种电商模式，其最大的利好因素也是最难以运作的环节，在于通过产品和销售渠道的唯一性，锁定目标用户，从而降低流量成本，以针对性强、性价比高对抗渠道品牌的全方位分销。

8. 关注客单价

　　零售过程中的销售成本，称为流通成本，包括流量成本、人工服务成本、运输成本等，其中随着销售数量或者金额变化而增加的那一部分成本，被称为边际成本。边际成本指的是商家增加销售所带来的额外成本，例如，当商家服务一个顾客时所需要的营销费用、人工、配送、打包快递，假设各种费用加起来是 20 元的话，这个顾客多买一件商品，费用增加了 2 元。在绝大多数情况下，边际成本占销售费用的百分比呈下降趋势。比如顾客购买一件价值 300 元的商品，整个销售端的流通成本可能是 60 块钱，占 20%，当同样一个顾客买第二件商品的时候，边际成本可能只有 3 元，也就是 1%。电商强调提高用户购买的客单价，大多时候是从增加销售额的角度考量的，这个固然很重要，但它最基本的利益点对于商家来说，可以通过边际成本效应，降低你的整体流通成本，为一个原本在低客单价场景下难以赢利的销售创造出赢利空间。线下便利店在这方面最有经验，特别是它的散装速食区，除了拥有较高毛利率，往往还能够有效拉升客单价。

两件优惠是最为常见的做法。如果设定一件商品 200 元，第二件五折，假如商品的成本是 90 元，运营履约成本一件 10 元，流量成本 100 元，那么很容易算出来，用户购买一件时商家无法赢利，而两件购买则给卖方提供了获利空间（总成本是 180 元＋10 元＋100 元＝290 元）。通过多件购买实现商家和顾客的双赢，这也是为什么电商特别喜欢做多件折扣的内在动力，因为流量成本占比太高，只有运用边际成本效应才能支撑销售。

目前，电商行业常用的提升客单价方法，基本上沿用了线下实体零售的经验。我试图把它归纳总结一下，大概有七种方法：

第一，加大包装规格，拉升每一个销售单位的总价。饮料每瓶 6 元，一箱 24 瓶 99 元。加大包装一直是零售商提高客单价的最常用的手法。

第二，采用数量折扣。一件商品卖 100 元，第二件六折，通过引导顾客购买第二件商品降低整体的流通成本百分比。这里需要提醒一下，第二件六折跟全场八折，从数学上来讲是一样的，但是从实际效果来讲，第二件六折的效果要远远好过全场八折。全场八折的话，顾客觉得没有太多的刺激，他的信息感受只是 20% 的优惠，而如果第二件六折的话，从消费心理上给顾客的提示是，如果不买第二件，就白白丢掉了40%的优惠机会。对于日常快消品，多件打折是非常有效的拉升客单价的方式。当然有一些类别的商品不太适用于第二件打折，例如手表、手机，这种高单价的耐用品可能就不太适合。

第三，满减的方式。比如说，平台商家会推出满599减100，这样设置的目的就是通过优惠100块钱的方式来促使顾客提升他的客单价。通常，满减规定的尺度要略高于现在的平均客单价，比如说，现在平均客单价是300元，那么，这个时候满减门槛就得高于300元，例如399元，才有意义。千万不能做满299减，因为现有的平均客单价已经是300元的水准，你要拉动的，不能仅仅是平均线以下的。当然了，你也不能胃口太大，试图一步登天，去做满899减。幅度太高的话，同样起不到刺激客单价提升的作用。通常，满减门槛设在现有平均客单价之上20%—40%的幅度是比较合理的，这时候，顾客只要稍微多买一点就够得着，这样的优惠，消费者比较能够接受。

第四种方式与第三种类似，叫满赠。比如说购物满699元赠一件商品。满赠幅度设定跟满减的概念是一样的，只不过满赠更适合一些不愿意做商品减价的品牌，比如绝大部分大牌化妆品都会采取满赠，因为它要维持价格的持续性，像雅诗兰黛、兰蔻、迪奥这类化妆品，经常会在百货柜台或各种网站上做满赠活动。当你决定做满赠活动时，千万记住要突出的是赠品，而不是满多少钱。在线下的百货公司，化妆品专柜如果有满赠活动，通常会把赠品放在特别显眼的位置，告诉你：哎，这是赠品，有口红，有香水，有眉笔等等，这是本周特惠的赠品。这样就让顾客感觉到，这个赠品我喜欢，我想得到，然后再有小小的一行字提示：购物满 699 元可得。这个时候，它突出的是赠品，靠赠品来引导顾客消费，这就是满赠。很多时候，电商网站和网店商家没有掌握好这个技巧，总是强调要购买多少才有获得赠品的资格，这是不符合消费心理的，因为无形中把门槛竖起来了，用户会觉得这个门槛是一个障碍。而直接把赠品信息作为重点推出，则让顾客有一种很容易得到的心理预期。

第五，通过发放赠券或者优惠券的方式来引导顾客实现更高的购买金额。优惠券又分为两种：一种称为无门槛的优惠券，另一种称为有门槛的优惠券。我个人不太主张用无门槛的优惠券。为什么？用无门槛的优惠券很容易吸引只想占一点便宜就走的顾客。比如说，我给你一张 50 元无门槛的优惠券，顾客会选择一个单价低于 50 元或者单价略高于 50 元，可能 58 元的商品，付了 8 元就走，对他来讲只是领件赠品。除非在平台早期的推广或者试图获得新的渠道用户，否则无门槛优惠券对于商家的经营没有太大的帮助。但是有门槛的赠券对拉升客单价则非常有帮助，天猫上的卖家几乎都会设定有门槛的优惠券，而这个门槛通常就是略高于其主力销售商品的单品价格，例如单件商品的价格 198 元，40 元优惠券满 200 元可用。

第六种在国内经常被电商使用的方法，就是满额包邮，这其实也是通过设定一个门槛来提升客单价。线上购物用户不习惯支付邮费，这是国内电商与海外明显不同的地方。经常有海外客人对于这个现象表示不理解，在他们看来，中国的快递费用实际上是很低的，通常也就是十几元钱，但是人们乐意花几百元买一件衣服，却不能接受支付 10 元的运费。我有一个朋友来自英国，在国内做了一家内衣销售网站，单件售价在 200—399 元，一开始实行的是邮费 10 元起，每加一件多付 2 元的做法。按他的解释，这样的操作在欧洲很多国家销售时都没有问题，可是在国内刚刚上线后就发现从购物车到实际支付的衰减比例特别高。我告诉他，邮费可能是其中一个重要问题，后来他试着改成全网包邮，下单转化率一下子提升了一倍。其实这就是用户的价值认知，国内长期以来人工费用较低，消费者购物时对于支付运送、安装这类单独支付费用的接受度不高，这与长期以来习惯于高人工费用的欧美国家明显不同。举一个实际例子，我在国外换一个抽水马桶，实体商店售价 280 美元，要求商家送货上门，只有五公里的距离就收费 80 美元，请商家代为安装再收 100 美元，等安装好了以后，请工人把旧的马桶顺便拿走，没问题，额外收费 60 美元。这种事情如果发生在国内，一定会被骂死。

第七种方法，搭配和捆绑销售。搭配销售对于提升客单价有明显作用，例如一套西装售价2000元，真丝领带售价400元，如果买西装的同时选购领带，则获得领带五折的优惠。如果是同一品牌的产品，这样的搭配优惠销售通常很受顾客欢迎。以男士服装为例，网店做搭配优惠销售，能取得30%—50%的关联销售效应，虽然搭配商品给了很大的优惠，但卖方的销售边际成本趋近于零，用户则认为是一个难得的折扣机会。顾名思义，捆绑销售就是把两个产品组合在一起卖，以此做优惠营销。在实际生活场景中，大家最为常见的捆绑销售是快餐厅的套餐，如肯德基、麦当劳的汉堡薯条加饮料，还有数码相机套餐的购机加内存卡。相比于搭配销售，捆绑销售需要特别小心判断这个捆绑是不是大多用户的必需品，否则起不到提升客单价的作用，反倒可能流失原来的一些销售机会。如果用户觉得这个捆绑不是他所需要的，带有强制销售的疑虑，他可能放弃购买。而搭配销售的产品也必须具有强关联性，否则对提升客单价没有多少帮助。

上面这几种方法都是行之有效的提升客单价的办法，不同的网站针对商品的类目特点、消费族群，采取的措施可能各有侧重。

上面所讲到的这些方法，基本上都是围绕着商品来运作的。而在新零售时代，以用户的IP、用户的行为记录作为提升客单价的依据，这是一个新的机会。在今天的新零售时代，提升客单价不能再简单地停留于一招鲜吃遍天，而是需要电商运营更多地关注针对性的营销。我见过一家网站，就是通过对用户行为的分析，以针对性的推送来提高客单价。它知道某个用户习惯预订的是 4 星级酒店，消费金额在 600—800 元一晚的房间，当这个用户有新的客房预订搜索时，网站会有针对性地给予这个用户 5 星级酒店的优惠专享，价格就控制在他 4 星住宿花费上限的 10%—20%，例如推出 900 元一晚的 5 星特惠酒店房间。这种方法针对性很强，据我所知，其推荐的成功率超过 50%，这也是典型的提升客单价非常有效的方法。用户数据给予商家最大的帮助就是能预判顾客的消费习惯，在这个基础上推出针对性产品，进而提高用户的下单率和客单价。以我的实际操作为例。我们几年前销售进口罗杰斯葡萄酒，一开始经营的是基础款白标系列和晋级款黑标系列，针对购买白标系列的用户复购，我们推出首次购买黑标享受第二瓶五折的优惠，同时引进珍藏版金标系列，用来拉动原先消费黑标系列的用户，各个系列之间的零售价格差大致控制在 30%—50%。一年下来，有大约五成用户对罗杰斯葡萄酒的消费台阶上升了一级，客单价提升的效果十分明显。

电商销售的数学公式就是：销售额 = 访客数×转化率×客单价。访客是流量，下单转化率和客单价最能考验电商运营的实际功力。而实际上，大部分电商企业过于片面强调提升访客数，而忽略了客单价这个最能有效改善盈利状况的运营环节。

9. 新品热销新趋势

今天新零售的环境下，我们注意到一个非常鲜明的特点，那就是很多销售机会和销售增长来自新品。

我们先来看几个数字。天猫的统计数字显示，天猫旗舰店的新品增速远远超过整个天猫大盘的商品数增长。天猫旗舰店的新品销售大约占所有旗舰店全年销售的30%。这是一个什么概念？这意味着本年度的所有销售中，有三成来源于年度新品。从数量上看，2019年仅仅天猫平台就上线了5000万种新品，相比于两年前，年度新品大约是400万种，增长速度非常明显。"上新"能够为品牌带来新的市场、新的消费者，从而获得销售增长的机会。为了吸引新品入驻，京东和天猫都纷纷有扶持动作。在2019年天猫品牌战略暨"618"理想生活狂欢季发布会上，天猫宣布三大计划推动品牌增长：与全球八大顶级IP展及赛事合作；引入100款国内稀缺新品；上线

"趋势热搜"，产生 100 种流行趋势话题。

今天新零售电商时代，新品最主要的特征就是快速迭代，一个"快"字概括了新品最为鲜明的特点。以前 3C 数码产品通常每年能够更新一次新品，现在基本上是每个季度更新。服装以前是季度上新款，一年下来就是春秋两个换品季节，如今热销的电商品牌基本上每个月甚至每周都有新品推出。

新品消费者的典型特征与电商大盘消费者相比，也有明显差异。首先，消费者的性别比重，天猫的整体购物用户，男女用户大约各占 50%，而在新品消费中，女性消费者占 70%，男性占 30%，新品销售对女性的吸引力更大。其次，新品消费者趋于年轻化，更多集中于 20—35 岁这个年龄段，以天猫消费者的年龄和消费比重看，24—29 岁这个年龄段消费者对平台的整体购买贡献是 19%，而对新品的交易贡献高达 24%。再次，新品用户的网购消费力更强，新品用户的平均消费额高出天猫人均消费额一倍以上。最后，新品用户更多来自二到四线城市，超一线城市北上广深的网购用户消费力最强，但在新品购买上则让位于二、三线城市。

从商品品类分析看，新品集中度最高的是美妆个护、生活电器和 3C 数码，看一下下面的两张图示：

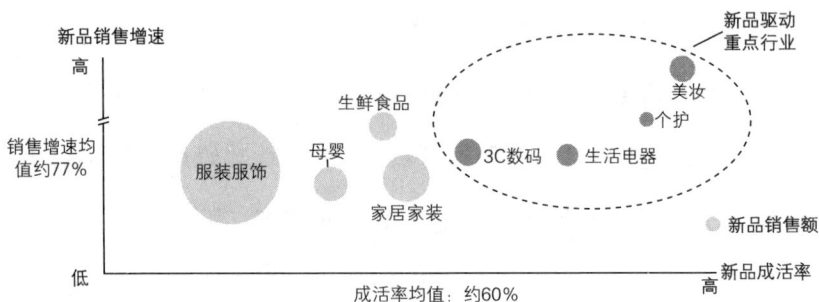

图 1　新品销售最为集中的类目

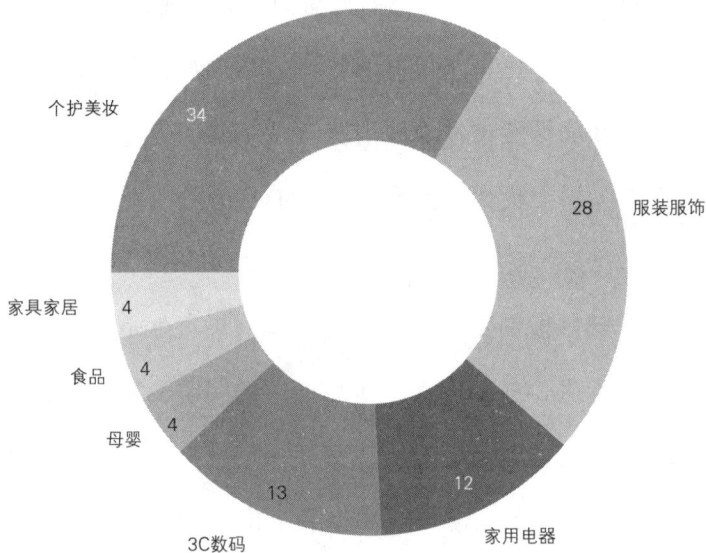

图 2　天猫平台销售最好的 100 个新品所在类目分布

上面两个图示仅仅总结了新品分布的商品类目，每个类目都有千万种以上的商品，再深挖一步，我们发现电商热销新品主要围绕着三个关键词：新技术、新人群、新态度。

150

　　运用新技术的新品，就是运用现代新兴科技出产的新品，例如无人机、智能扫地机器人、自动宠物喂食机，还有很受办公室女性用户钟爱的 USB 插电式定时喷雾加湿器，这些都是年度销售量增长500%以上的新品。这个领域通常具有品牌性不强的特点，尤其适合打造新品快速脱颖而出。定时宠物喂食机就是这两年销售飞速增长的一个科技范新品，运用定时设置、手机遥控等功能，解决了无数上班族喂养家中宠物的刚性需求。

　　针对新人群的新品，则是把销售机会更多扩展到过往的非典型用户，例如开发针对女性消费者的健身器材、健身服装、粉色系列高保真耳机，这些原本一直以男性顾客为主体的小类目，现在成为新品拓展到新潮女性用户的一个增长点。同样地，针对男性用户的面霜、唇膏、面膜、防晒霜，以及针对单身新贵的一人用居家用品、一人装电饭锅、一人用衣柜、一人用火锅套件等等，都是瞄准新用户人群以新品包装、规格、配方等来获得市场增量。2019 年一年线上销售仅男士彩妆新品的增长率为279%。如今，越来越多的都市新一代选择单身生活，他们已经不像其父辈把单身作为一种过渡阶段的生活，一切以凑合为主。今天的都市白领，单身代表着一种自我定义的生活状态，他们需要保持与其单身生活品质相匹配的消费品，这个领域原有的商品选项特别缺乏，如今正在成为一个新的热门点。在网上搜索一人份电饭煲有超过 5000 款，其中一半以上是年度新品。

　　生活新态度，这里强调的是消费新主张，例如护肤品类中新品增长最快的小品类是原液、精华素，最受年轻白领欢迎的是主打成分、包装简约的新品；居家服装类很热销的是棉质材料，未经多次漂白的本色；食品类则强调天然有机、原生态放养，这些新品的畅销体现的是用户新的生活理念和消费价值观。

　　既然新品的主力销售人群趋于年轻，他们处于人生快车道，与之相对应的新品消费势必体现出新奇、快速的特点。因此当我们着手新品开发时，需要把握这三个关键词：新技术、新人群、新态度。

　　在今天信息爆炸、互动无所不在的新零售时代，如何有效地打造新品？

　　关于新品消费人群的定位，这个环节一直是商家开发新品的通病，除非是特别成熟的知名品牌，否则电商新品的开发不能从自己现有的供应链着手，而应从热销、热议这两个维度去寻找市场机会。热销不能仅仅满足于某款产品在网上一个月销售多少件，这是一个基础数值，还需要进一步挖掘销售的价格、规格、香型、功能等等，呈现的是怎样的分布，品牌集中度高低，在目标产品中有什么类似的新品，如果有竞品的话自己的机会在哪里。今天网上的数据随处可见，可以这么说，没有拿不到的数据，只有不懂得用数据的商家。

　　我有一个深圳的朋友开发出了迷你投影仪，因为这种产品新颖奇特，又没有多少现成的大品牌竞品，网上销售增长迅猛。这个朋友自己拥有生产企业，也有经营不错的网店，自认为从价格、款型各方面都比网上的竞品有优势，没有经过小范围测试，直接生产上线，结果几个月下来，销售毫无动静。我后来受友人之托，仔细分析了一下它的便携式新品投影仪，发现他忽视了一个最为重要的使用场景，那就是其目标用户多是单身小年轻或者年轻爱侣，用户喜欢躺在床上、沙发上对着天花板投影看大片，而他的这款投影仪的接口插头都在背面，很难竖立使用。简单地说，这只是一个设计环节的问题，但实际上还是对用户人群以及产品的使用场景缺乏深入的了解。

如今品牌打造强调的是与消费者互动，强调的是数据驱动，强调的是更为柔性的供应链，以及更为有效的精准营销。所谓的与消费者互动，指的就是在产品研发的最早期阶段，就要把消费者拉到新品研发场景里，明确新品的目标用户，针对性地解决其痛点，避免老少通吃这种模糊定位。所谓的数据驱动，则是通过网上现成的销售数据，从这里寻找产品研发的切入点，为什么一升洗衣液的主流售价区间是 68—88 元，氨基酸洗面奶过去两年与皂基洗面奶销量相比上升了三倍，这些网上公开可以获得的数据应当成为新品设计研发的基础。所谓的柔性供应链，就是最小化初始订单量，快速投放市场，根据市场的反馈及时调整包装规格和订货量。而所谓的精准营销，就是要了解所开发的新品在线上传播最有影响力的网络平台，提前做好预热，例如护肤品适合于通过小红书种草，家居用品利用什么值得买的平台推广效果更佳，健身器材和服装可以借助抖音短视频，这些营销活动一定要走在新品上市之前。过去很多商家喜欢做新品发布会，但在新零售时代，发布会的营销效果远远没有达人推荐和素人种草来得直接，而且还具有更为广泛的自发传播力。

新品在很大程度上决定零售企业的销售增长率和对用户的持续保有能力。特别是对于许多从事渠道品牌销售的电商企业和网店来说，知名品牌、成熟商品带来的是高度的价格战和低毛利的困扰，把更多精力用于新品挖掘，能够有效提升自身的运营竞争力。

新品热销的同时，也意味着新品的热销周期在缩短。以前的习惯是花大量精力尽可能地做出一款完美新品，现在的产品模式则更多地体现为快速迭代，在以快制胜的新零售时代，抢先一步成为卡位的关键。市场和用户不给你那么多时间细细琢磨，看到一个热点、一个新领域的销售机会，需要用最快的速度抓住它，在快速推出新品的同时持续性地做好更新换代。我们看到许多数码类、家居用品类、化妆护肤商品类，好的商家都是每几个月做一次产品升级。快速更新实际上起到两个作用：一是根据用户反馈进行产品改良，二是以更新版保持市场关注的热度。

10. 玩转双十一

一年一度的电商双十一网购狂欢节，成为年度销售最为火爆的一个日子，这一天仅天猫的销售额超过 2000 亿元，电商整体的营业额近 4000 亿元。仅仅一天，天猫平台的销售数字相当于沃尔玛中国几百家门店三年的销售总和（沃尔玛 2019 年的全年销售额 822 亿元）。这充分体现了网购平台的瞬间爆发力，因此越来越多的品牌公司、电商企业，都特别关注这个线上的年度购物狂欢日。对于很多销售老大来说，双十一的这场仗打好了，至少下半年的销售就能保住基本盘面。

怎么从一个零售商或者品牌方的角度，去规划好年度的双十一？这里有几个实际操作的经验可以和大家分享。

首先我们需要了解并明确每年双十一的销售目标参照物，以此作为制订自身销售计划的基本依据。天猫双十一当天的销售，从大盘看，是平常单日销售的 15 倍左右。换一句话讲，如果你的品牌、你的店铺这一天的销售跟平常相比没有 15 倍的增长的话，那就说明你处在平均值之下。毫无疑问，双十一当天完成平常日子两周的销售额，这是一个最基础的目标。达到这个基础目标，才能勉勉强强让自己的品牌或者网店居于平台各商家销售平均线的水准。

天猫双十一的主力销售表现最突出的通常来自这几个板块：第一个板块是冲动性购买的商品类别，例如服装、居家用品、化妆品、箱包、鞋帽这些品类，这些居家生活和潮流时尚类的商品，在天猫双十一的销售表现最为强劲。理由很简单，这些商品族群通常有比较高的毛利率，可以通过大幅度的让利来吸引用户。第二个表现强劲的商品类别是高单价的标准品，例如手机、冰箱、家电、沙发，这种高单价商品一件五六千块，如果是便宜上三五百，顾客会觉得买得值，节省的幅度足以驱动用户在这一天下单购买。第三类卖得比较好的商品，来源于知名品牌的产品，这就是所谓的品牌效应。大多数消费者还是会跟着品牌走，所以那些大品牌、知名品牌在这一天的销售都十分亮眼。最后一类就是新品，新品的销售往往能够在这一天早早出现售罄状态。这是从销售的热点来看，上面这几个板块更有产生火爆销售的机会。

在具体落实安排年度双十一计划的时候，有这么几个需要特别注意的环节：

第一个环节，给出足够的时间提前量，及早着手双十一的销售准备。一个好的年度促销筹划通常要提前半年，至少3—4个月，提前把当年准备采取什么营销策略，主打什么样的商品，供应链方面如何保证，这些环节都要事先规划落实好。如果临时抱佛脚，势必出现商品针对性差、库存准备不足等问题。所以很重要的一点，要做足提前量。不少商家刚刚开始参加双十一活动的时候，往往对这一天热销品的爆炸性销售增长预计不足，导致几个小时以后出现缺货，严重影响了后续的用户下单。要知道这一天几小时的访客流量可能就是平常日子的几十倍，而且当天的用户成单转化率远远高于日常。

第二，尽可能争取好的双十一资源位，进入平台的主会场或者分会场。这些会场资源可以让你的品牌或者网店商品获得更多的曝光机会。想要获得进入主会场或分会场的资格，与品牌和网店过往的销售记录、好评数、服务评价度有很大的关系，所以这是一个日积月累的过程，不是心血来潮想进就能进得去的。要充分培养自己网店的信誉度和商品销售数、好评数，从而获得进入双十一主会场或者分会场的机会，以获得更高的曝光度。靠聚焦集中精力做好一两个单品往往是一个最为有效的办法。

第三，明确双十一的主力销售商品和营销策略。通常来讲，双十一的主力销售由两种情况构成：一种是爆品路线，有力地扶持几款商品，利用双十一创造出几万件的单品销售，不仅能大幅度提升成交额，还能通过销售的提升为以后的日常销售起到引流的作用。这种做法在双十一活动中是非常有效的聚焦。如果你决定走爆品路线，就要提前把这些商品的前期准备工作铺垫好。这里面包括前期基础销量的培养，对顾客好评度、点赞度、点赞比率的引导和管理。如果你的商品是一个新品，没有太多的过往销售记录，或者你过往的销售评价不高的话，很难在这一天成为一种爆品，哪怕有足够的折扣让利，也很难达到这个效果。在今天这个以分享、社交为热点的营销年代，通过小红书种草、免费试用等形式，可以帮助提升新品的关注热度。

双十一销售另外一条路线就是把它作为处理库存商品的一个好时机，比如说服装、鞋帽，每个季度都会有一些积压的库存，利用这个活动日以低价折扣的营销，例如五折销售、买一赠一等等，可以快速实现大面积的库存清理。这也是非常有效的方式，因为这个时候人们是冲着买便宜货、冲着折扣来的，折扣的力度越大，吸引消费者关注的概率就会越高。这是另外一条以清理库存为主的双十一营销路线。

不管是什么样的方法，一定要事先明确，千万不要临近双十一的时候再一股脑儿地把所有的产品都打上促销标签，那样起不到好的效果。

第四，要特别善于抓住和利用平台为这种大型活动所做的各种铺垫式营销，比如预售。过去几年围绕双十一的营销玩法越来越复杂，预售是提前锁定用户的有效方法，具体操作是让买家提前支付10块钱，锁定某件商品，卖家把顾客支付的这10块钱作为预付的商品定金，在双十一当天以定金价值翻倍的形式用于购买该商品。这种做法最大的好处就是在双十一的流量洪峰到来之前，提前十天半个月就把流量有效地存储起来，供商家在双十一当天使用。预售已经被证明是非常有效的办法，特别是对于许多在双十一当天没有机会进入主会场、分会场的中小商家。还有一个好办法，就是充分收割双十一刚刚开始的第一个小时，也就是零点过后的这一个小时，或者最开始的30分钟。因为这30分钟或者这一个小时是顾客下订单最为集中的时段，被称为一年365天的流量洪峰，许多懂行的商家会推出第一小时的秒杀活动，或者第一小时在原先基础上的折上折，以及额外赠品等等。大家都是冲着洪峰时段流量转化率最大化的这个目标来的。电商平台平均的购买转化率是3%，而在双十一第一小时黄金时段，转化率能达到20%，可见利用好这一个小时的营销有多重要。一旦锁住这个时间段的销售，大致能保障这一天24小时总销售的40%。作为一名参与双十一活动的商家，第一小时的销售做好了，能为整场活动奠定基础。

第五，及时调整。这是很多卖家忽视的一个环节，双十一当天不是一个营销方案走天下的。好的商家需要事先准备2—3套预案。通常凌晨1点、上午10点、下午4点、晚上8点是这一年度大型活动调节的几个重要时间节点，在每个时间节点商家应该针对主力销售单品、赠品力度、限时活动等做出及时的更换。其中限时活动的准备方案尤其重要，如果销售进展低于预期，及时上架限时活动能有效拉动即时销售。如果某款热销品出现库存不足但又不希望出现售罄影响用户体验，那么可以用组合销售的方式减轻该单品的库存压力。举一个实际的例子，2019年双十一我们有一款主打品面部精华液，零售价198元，双十一特惠价148元，预备库存3000件，在早上8点时分已经售出2500件，如果不采取措施，估计一个小时以后断货，而主力商品断货很容易带来不好的顾客购物体验，我们的店长及时做了调整，在保留单品148元的同时，推出A+B+C套装销售预案，优惠力度不变并加赠一款额外赠品，以此引导套装销售，从而提升每张订单的品单价，有效缓解了单品的库存压力。

第六，重视复购。有一个值得注意的现象，绝大部分商家都忽视了双十一销售之后，如何针对双十一的用户做好后续维护和营销，促进他们的复购和常规性购买这个关键环节。双十一这一天的客人，相当大的比重是新客，他们是冲着这一天的活动、这一天的优惠来买商品的。如果让这些人仅仅成为一次性的消费者，对商家的价值其实不大，所谓的赔钱赚吆喝。双十一这一天不是让商家发财的，它是一次全网的营销盛典，是一次新客老客的大串联，这么多新的买家进了你的店铺，成为你的购买用户，你怎么把他们留住，成为你今后的复购用户，这才是关键。我多年来养成一个习惯，对网店的双十一评估，我不看这一天有多少销售量，那是一个商品降价多少、流量引入多少就基本能产出多少订单的简单公式，相对容易。我要看的是这一次活动吸引了多少新顾客，而这些新顾客在今后六个月内产生复购从而沉淀下来的比重是多少，这才是网店经营者参与双十一活动真正的价值。

双十一成为电商连续十二年最为火爆的现象，是充分利用互联网无节造节的典范。但再火热的营销盛典，理性仍是主调。消费者要保持理性，无数人狂购滥买，回头后悔，这种剁手族的故事每年都有报道。卖家更应当事先做好规划，赔出个大窟窿和库存严重积压是商家每次双十一过后最常见的后遗症。营销是个机会，但如果没有妥当的计划和清晰的目标，这种机会很容易让商家陷入困境。

/ 第三部分 /

"人" 的零售

1. 即时消费新主张

即时消费是一种比较新的消费现象。

所谓即时消费，指的是消费者具有当下即见即得、实时购买、实时拥有的消费特点，也可以称为场景消费。即时消费通常表现出这么几个明显的特征：

第一，具有很强的购买冲动性。消费者并非事先规划好自己想买什么东西，逛逛看看，碰到合意的就掏钱包。线下的购物中心，以及早期淘宝提出的逛淘宝口号，都是围绕这种消费心理展开的。这时候顾客购买某件衣服、某款包包，大多是受到现场的销售气氛的感染，而未必是原本具有这方面的刚性需求。线下商家激发冲动性购物的做法，更多体现为现场的营销造势，活动现场的声、光、电，以此来刺激人们的购物欲望。这里很典型的场景就是特卖场和闪购，限时限量加上特价售卖，容易让消费者产生即时购买的冲动。

线上大型促销、秒杀以及满300减40，也都是冲着激发即时购买的冲动性而来。毋庸讳言，冲动型消费的主力用户群体通常都是偏年轻的，以学生族到二三十岁年轻消费者为主力。有很长一段时间，服装、箱包、鞋帽这些商品类别一直是淘宝分类流量中被浏览点击最多的，同时，这类卖家的人数也最多，各种品牌的包容量最大，这些都是典型的冲动性购买的商品类目。所以，我们说冲动性消费在即时消费交易中占比高，影响力大。

第二，越来越多的顾客追求即用即抛。什么叫即用即抛？就是用户买这件商品不是为了收藏，不是为了它能长期使用五年十年，可能只用很短的一段时间甚至只使用一次。二十年前推出的即抛型隐形眼镜，主要针对的是时常商务出差的上班族。一副隐形眼镜只用三天到一个礼拜的时间，就直接扔掉再更换一副。我们看到，现在越来越多的消费品都呈现这种即用即抛的特点，比如说买一件T恤只穿一个季节，参加一次活动。买一双鞋子、一件衣服，甚至于添一副好玩的太阳镜都是如此。而几十年前，绝大多数消费者在买一件东西的时候首先考虑的是它的耐用性，能不能穿几年的时间，使用频率是不是够多，值不值当花这笔钱。今天即用即抛购物，人们购物的着眼点变了，追求的是一次性的使用需求。这方面使用最为广泛的是婴儿的各种纸尿裤。

第三，追求产品的独特特点以及外在美。消费者对于买到一件功能性的商品已经不感兴趣了，一件衣服如果仅仅能够遮羞御寒，现在不会有多少人问津。现在人们注重的是它的材质、款式、风格。尤其对于非耐用类的日常生活用品，大家越来越多地追求独特性和绚丽的外观，包括商品的包装、设计的款式、logo 的颜色，甚至于包括商家的宣传语和广告语。像卖干果的"三只松鼠"，它打动很多消费者的地方就是靠它的包装。那些瓜子、花生长期以来一直是散装售卖的，最多有个塑料袋。"三只松鼠"在生产和原料加工方面并没有什么独特之处，但它采用了精美的小包装，将很不性感的一个商品族群通过包装做出了特色，一下子打开了市场。

最后一个特征，就是追逐热点。今天的零售环境是消费者追着热点跑、为热点疯狂，只要是热点下的东西，大家都愿意去买、去关注。这里以运动题材最为典型，比如世界杯、奥运会、各种各样的大型比赛。还有就是所谓的时政效应，每年高考前几周，善于抓热点的网店卖家都会适时推出补脑清凉败火类的营养冲剂或即时饮品，这也是很典型的热点销售。

即时消费表现为冲动性购买、即用即抛、追求外观绚丽，以及追逐热点，这个背后体现的是整体消费能力的上升，人们现在有更多的消费能力去购买他们认为对自己最重要的东西。

面对消费者，尤其是年青一代消费者即时消费的这种显著消费特征，作为零售商家，我们应当从哪里去抓住这个机会？下面几个建议与你分享。

首先，要保持非常灵敏的商业嗅觉，能够在第一时间抓住即将发生或者正在发生的热点，把它转化为销售机会。这是最能考验商家的商业敏感度的，往往在淘宝、京东上做生意的网店卖家这方面的表现最为突出。当钓鱼岛事件成为中日冲突的矛盾爆发点时，精明的淘宝商家适时推出一种汽车车贴：钓鱼岛是中国的，一份五张车贴，10元包邮。我看到这个不起眼的小商品销售数字惊人，短短两个星期之内卖出50万份。为什么？因为大量拥有日系车辆、日系摩托车的用户有这种即时消费需求，这就是很典型的营销嗅觉，抓住当下的热点。

在今天谈商业嗅觉，我们可以寻找的机会很多，我建议大家一定要养成一个习惯，就是要充分利用京东、天猫、淘宝这些大的零售平台各自所能提供的销售数据，每个人都可以从平台公开的数据里看到各个商品分类，每款产品、每个型号在过去一段时间的销售数据，如果购买了它的技术后台的话，甚至可以看出每个月销售的趋势走向，各个时段的访客人数，访客画像。从事零售行业一定要养成一个习惯，每天看看最热销的商品是什么，最受关注的热点有哪些。当年我管理淘宝的时候，要求技术部的同事每个礼拜向我提供淘宝平台上用户搜索次数最多的50个热销词，我需要从这50个热销词里了解用户现在的关注点，我们的营销要围绕着用户的热销词来展开，这就是一种商业嗅觉，随时保持商业敏感度。如果你经营一个电商网站，是不是也应该用同样的办法随时了解你的顾客最热搜的词是什么呢？如果你是一个商家，是不是应该到大平台去看一下，最近一周用户买得最多，或者销售上涨最快的商品是什么呢？这就是你的嗅觉。

第二点很重要，更新要快。既然做的是热点营销，那就应了那句古话，早起的鸟儿有虫吃。抢在别人前头，做一个动作最快的人，去立即抓住新的热点可能带来的商业机会。再说一个实际的例子，几年前，波兰总统乘机前往俄罗斯的卡廷的时候出事，一下子引起很多人的关注，那个时候我在当当网，我们马上想到用户需要了解卡廷案件的来龙去脉，因为新闻报道只是三言两语带过，如果把几十年前的卡廷惨案迅速成书推向市场，能够满足许多人的热点关注。本来这种热点消息是报纸杂志的领域，但大家一样都是抢时间，我们当天就跟出版社联系，用了三天的时间，出了一本还原卡廷事件的书，整个运作从决定运用这个时政热点到推出上线预售，只用半天时间。在第一时间抓住这个热点，把这个热点作为有销售价值的商业行为，速度最为关键，如果让别人抢了先，这个热点销售的机会基本上就失去了。

第三，要让用户更多地介入商品端的研发和推广。这里面有很多成功的例子，比如说小米，一路走来，其任何一款新品都有一个测试版，测试版会邀请一些用户参加，让他们提供自己的分享，提供自己的测评，提供自己的改进建议。一些成熟的网上销售，比如服装类的卖家和电商经营者，他们每次都会把新出的设计款服装先放到网上让顾客去评判打分，从中选出点击率高、好评度高的几款商品进入生产和销售流程。这个做法不仅仅获得了更多用户的参与，使新款研发有更精准的市场判断，更重要的是用户的参与过程，无形中已经把这个用户或者这批用户的购买行为做了一个大范围的锁定，当消费者被带入产品研发生产环节的时候，他会有一份归属感，有更强的这种归属性，愿意去使用和分享，这才是最好的转化价值。

活在当下，开心就好，购物在当下，正在成为消费的一个流行趋势。我们面对今天的新零售时代，不仅需要经营者随时保持敏感的商业嗅觉，更需要速度和用户参与。即时消费可以为商家创造更多的营销机会，每年网上大型 618 和双十一，几千亿元的销售额是被活动的氛围激活的，而其中即时消费的交易比重大约占总销售额的 30%。这个时候，几亿用户争先抢购，钱包口袋敞开，买买买剁手族群的冲动购物欲望，是无数商家运用即时销售的最好机会。

2. 微信大号的电商推广

　　微信诞生至今已有九年，每天平均十亿的日活跃用户基数，促成了根植于微信平台的商业运用蓬勃发展，除了早期的微商现象，利用微信公众号从事商品营销，特别是以所谓软文形式的植入推广，成为许多新兴电商品牌的投放重点。

　　电商追逐流量红利，微信公众号几年前是一个明显的流量洼地，以投入产出比 ROI 衡量的话，能够达到 1：4，随着越来越多的品牌销售涌入这条流量赛道，以及过度广告植入带来的阅读疲惫，如今的平均回报率已经下滑到 1：1.5，这基本上低于电商投放可以维持收支平衡的红线了。1：1.5 回报率意味着每 100 元销售收入，仅仅投放费用就要花费 67 元，加上 4% 的平台扣点，进项销项 6% 税率，配送成本，产品成本，人工成本，虽然不同的商品类目具有不一样的毛利率和客单价，但这样的投放效果，除了特别高单价或者超高毛利的个别产品群，绝大多数投放带来的都是亏损销售。微信投放的红利期大致维持到 2018 年，近两年收益下滑十分明显，这也是很多商家把关注点转到直播、素人种草这些新营销领域的原因。

尽管如此，微信公众号目前依然是新零售下电商推广值得借重的优秀图文内容平台。品牌方如果是前期的营销推广，很多时候会考虑以微信公众号作为首选，目标是品牌曝光和获取粉丝。而持续性的销售推广，则需要与产品的用户群匹配，加上好的内容文案，流畅的购物转化，从而带动网上销售。微信大号推广已经形成一个独立的运营产业。

微信营销最好的选择自然是品牌方自建并自己经营公众号，但其运作难度大，体量有限，电商销售更多的还需要借重于第三方的大号。

第三方微信公众号，经过几年沉淀，已经呈现团队化、企业化运作的特点，现在我们知悉的成功公众号，几乎都是团队运作。自从 2018 年开始，想要依靠个人力量经营公众号，通过个人写作的文章内容保持粉丝黏性，再承接广告投放的机会，已经基本消失了。虽然说微信公众号运营的门槛相对较低，有一部手机就能操作，也依然有许多怀揣自媒体梦想的人涌入其中，但因为个体产量实在有限，面对团队化作战的正规军，除了早期就入驻公众号拥有先发优势的大 V，或者各个行业的名人、达人，个人的力量终究过于单薄，吸引粉丝的力度实在有限。很多人都听过微信公众号有一句响亮的口号，叫作"再小的个体，也有自己的品牌"，这样的口号很励志，但已经不是当今公众号的大环境。胡辛束、黎贝卡、同道大叔等等 IP 公众号的发家史，刺激了一批批自媒体人前来淘金。经过 2016—2018 年那三年公众号广告收益可观的刺激，越来越多的参与者加入这条赛道，公众号数量攀升，竞争压力上升，一些具备初步基础的账号为了提高产能逐渐加大人员投入。同时，承接商家广告需要专业化运作，成熟的创作团队逐步走向矩阵化经营，孵化更多账号扩充容量。

微信公众号目前已经成长为一个专业化程度很高的行业，包括不同的主打方向，例如情感号、知识号、旅游号、生活号，新榜上面有公众号的分门别类及每周阅读量统计，从业人员也大致分为内容编辑、粉丝运营、美工设计、商务拓展等不同专业。原先人们认为微信公众号是一种以内容取胜的文创行业，现在看来，它更像是劳动密集的流量种植园。

微信公众号以它十亿用户量级和高频使用场景构成一个非常独特的信息流量平台。如果把它看作记录生活的工具，显然相比微博、小红书来讲重了一些。经过这些年的发展，公众号已经和商业牢牢绑定在一起。与其他平台不同的是，微信平台本身从不插手到创作者的商业经营中。微博、抖音、小红书乃至如今的知乎，平台都在极力地规范广告，并从中获得相应的商业利益，公众号一直把自己定义为只提供基础层面的信息沟通，而不介入平台上的任何商务活动。也由于这个特点，很多从事电商以及自媒体的号主都把微信号视为准私域流量，从这点上看，微信的流量价值高于其他形式的自媒体。这个对于不论是从事自媒体的个人、机构，还是经营微信号的品牌方来说特别重要。微信把自己真正定义为网络信息沟通的提供者而不过多参与商业化运作，例如微信从来没有设定用户登录或者广告交易的使用费、佣金等等，这就使得号主更愿意放心地在这里经营自己的粉丝天地。

公众号这个被广泛用于电商品牌和销售推广的流量媒介，具有容量宽广的特点，这是它与如今很火爆的电商直播的不同之处，从两者的号主/主播商业价值的分布特征分析，公众号形状像是一座金字塔，越往顶部数量虽然越少，但还能呈现递减式分布，而电商直播则像一条倒置的丁字裤，顶部就那么寥寥可数的几个巨无霸超级主播，没有中间层级，下面的几十万主播产出能力与其收费不相匹配。以量化数字来说的话，公众号有上万个具有商业推广能力的号主，即其投入至少能覆盖最基础的销售，例如行业常说的 1：1.4 产出红线，虽然花 100 元推广获得 140 元销售对于电商来说无疑还是亏损的，但幅度尚且可控。而电商直播，能够稳定保持这个产出比的，只有头部屈指可数的那几个大咖。绝大多数的肩部、腰部主播，其销售额连坑位费都抵不上。

最近有一种说法，认为电商营销借助微信公众号的时代已经过去。这是一种非常错误的判断，日活超过 10 亿打开量的产品，几乎每个中国人都在用的微信，其信息传播能力远远超过其他平台，这里的商业价值仍然是任何其他平台无法比拟的。与前几年不同的是，微信大号投放如今进入深耕时代，不再是单纯花一笔钱写一些应景的软文就能有收益的。从某种意义上说，类似于商家在淘宝天猫做生意，早期只要有产品描述，有旺旺客服就能产生不错的销售，行业发展几年后，出现了关键词运营这个新的营销方式。同样的道理，现在的微信投放，需要的是更加专业的运营能力。

那么如何做好微信公众号的营销投放？

很多人忽视了微信公众号在电商投放方面的两个明显的特点，只要把这两个环节做好，品牌方就能迅速地取得更好的 ROI：

一是大号的类别，例如资讯、娱乐、时尚、情感、搞笑、健身、读书、种草。不同大号类型的用户特征以及阅读习惯不尽相同，不能指望以一种风格的文字满足不同类别的大号投放。例如种草号的用户，对于详细介绍产品的特征、成分、功效这方面的内容有兴趣，而娱乐、时尚号的粉丝，更关心的是当下的热门传闻。从文案输出的角度说，越是严肃和知识性的大号，越需要更多的内容干货，而娱乐搞笑的公众号，读者更喜欢的是轻松一笑的风格。这就好比你开餐馆，没有一种菜式能适合所有人的胃口，如果你给四川人端出来的是一盘酸甜咕咾肉，哪怕你的烹饪功夫再高超，也一定不如家常回锅肉受欢迎。所以，适应号主类型的文案风格至关重要。我们曾经把一篇投放在旅游号上阅读率非常高的文稿复投到娱乐号上，结果打开率不及前者的四分之一。

送达转化直接关系到你投放的文稿能有多少人打开，哪怕是再大的微信号，对于不同类型的文章打开率是完全不同的。以下图为例，这是我曾经经手的一个实际投放，在拥有超 100 万粉丝的微信大号上，我们投放文章的阅读率大约为粉丝数的 10%，这已经是一个相当不错的打开率了。这里可以改善的空间很大，关键在于要选择和自己投放主题相匹配的粉丝族群。

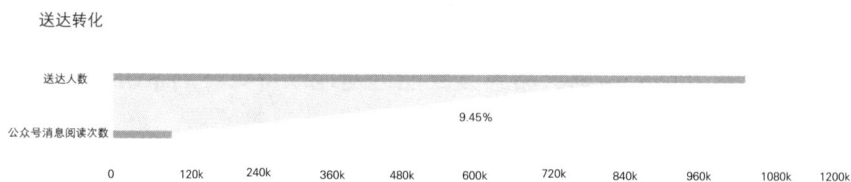

送达转化

送达人数										

9.45%

公众号消息阅读次数

0　　120k　　240k　　360k　　480k　　600k　　720k　　840k　　960k　　1080k　　1200k

二是特别关注大号推广的衰减效应，微信投放和电商的销售运营一样，有明显的漏斗现象。从号主的有效粉丝数，到阅读打开率，这是第一个衰减；从阅读到产品页跳转，这是第二个衰减；再到下单购买，又是一次衰减。从阅读到下单，微信大号的投放转化为 0.5%—2%。这是广告主们最大的机会。如果现在的投放转化是 1%，你要琢磨的不是 1%—2%，人们的思维习惯会觉得要提升一倍，太困难了。换一个角度思考问题，你所要努力的，是把衰减率从 99% 改善到 98%，也就是说，你只需要让现有流失的比例减少 1%。这时候就需要综合分析出现衰减的几个关键节点：发文时间，文稿内容是否合乎读者胃口，优惠力度能不能打动用户下单等等。经常有朋友问我，微信大号 ROI 太低了，怎么改善。我试图了解这中间的过程数据，例如文章打开率、详情页跳转率，对方却表现出一脸茫然。ROI 高低只是一个结果衡量，微信大号投放的优化需要从几个过程指标的优化着手，这个漏斗现象就是电商和品牌方最应当关注的环节。

由下面这个图示可以明显看出阅读的衰减。以图示为例，在阅读到文章的 60% 处，只有大约 20% 的读者仍然处于在读状态，而完读率大约 12%。就大号投放的效果而言，保证稳定而较高的完读率是微信推广的关键，也是商家可以控制的环节。导致粉丝阅读中途掉线的原因很多，最主要的还在于内容抄袭拼凑，缺乏原创干货，以及文不对题，让读者没有兴趣把这篇文章看完。

阅读完成情况

跳出比例　仍读比例

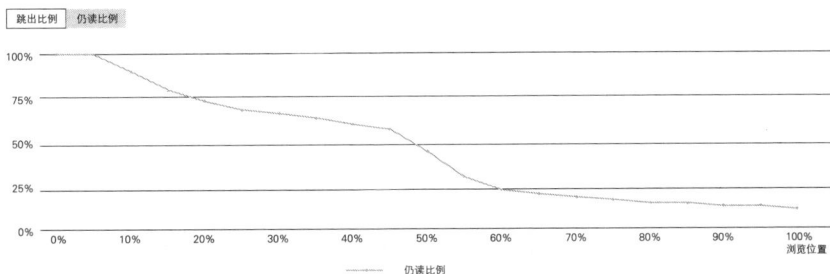

仍读比例

我们需要明确的是，所谓微信大号投放，文章是商家广告主所能控制的最主要一环，而这个环节的严重衰减，意味着大量的金钱投入毫无收效。我认识不少从事微信大号投放的商家，他们都很重视微信投放的 ROI，花了好多时间找号选号，提高商品优惠力度，试图吸引更多的用户购买，但恰恰对文案这个最为关键的环节采取外包写作的方式，这就等于你准备花几万元买一件东西，却在商场门口随便找一个陌生人，让他进去替你挑一件。

除了上面的这两个关键节点，在微信大号投放中，有些操作技巧可以供大家借鉴：

第一，投放产品前需要了解大号过往的广告商品播放记录。毕竟每个大号的粉丝数是相对固定的，如果与你产品类似的竞品在过去 14 天内曾经有过投放，那么除非是特殊理由，例如大型年度促销活动，应尽量岔开与竞品投放过于接近的时间，否则的话销售通常并不如意。

第二，头条与次条的关系。许多商家特别青睐于头条，这个其实是不能一概而论的，头条的曝光数、阅读数自然好过次条，但许多公众号粉丝的阅读习惯，更倾向于从头条发文这里获取知识类、时政类信息，如果一上来他看到的就是广告软文，虽然阅读数量高，但转化率远低于次条。这方面需要商家自己的实践总结。这就好比我们打开一张报纸，如果第一版的第一篇文章就是广告内容，你是不是也没有多少兴趣读下去？

第三，做足功课，货比三家。微信大号通常是以其粉丝数，或者平均每篇文章的阅读量来标定广告价格的，大致上说，情感类、时尚类、种草类账号1—1.5元/阅读，文化类在0.8—1元/阅读，娱乐号在0.5元/阅读……需要多试着在不同的大号类型上做投放测试，寻找对于商家最优的合作对象。毕竟，商家实际投放的阅读量，与任何一个大号给出的平均阅读量经常会有很大的出入。

第四，避免浮夸宣传，这一点很重要。网络是一个信息透明的天地，对于品牌故事、产品功能、使用评测的任何介绍，都要有足够的事实依据，一旦读者发现你虚假介绍，会严重影响后续的品牌宣传。

第五，重视留言跟进。微信大号是一个粉丝生态，每个号主的粉丝圈相对固定，投放的文章通常都有留言、点赞，商家把文章发出去，绝不是工作的结束，需要有专人及时跟进留言区的动态，特别是对于带疑问性质的读者留言，务必随时和号主保持联系，用适当的形式解答读者的疑虑，否则这种疑问式的留言会带来后续下单率的衰减。在这个方面，充分运用号主的声音是最为有效的，毕竟粉丝们是号主的追随者，更能相信和接受号主的解释。

第六，掌握好投放时间。整个公众号用户阅读的高峰时段是晚上8—10点，这个时间点是大部分用户的休息时间，有足够的空闲去阅读长文。由下图可以很清楚地看出公众号用户的阅读数量曲线。

不同时间段的打开率

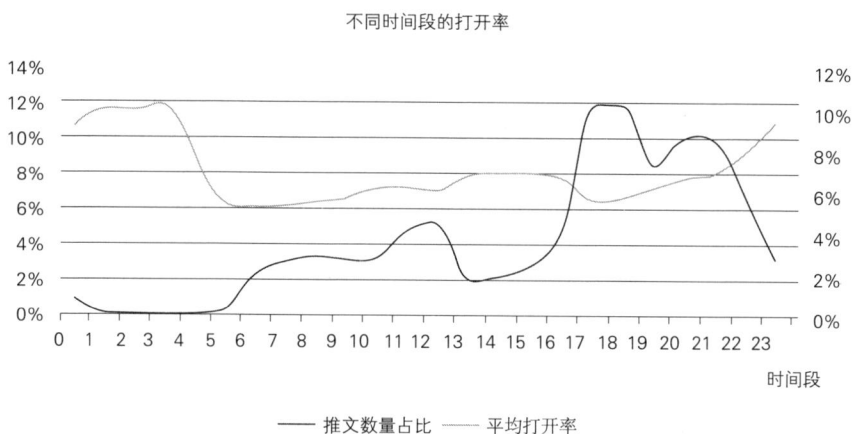

—— 推文数量占比 —— 平均打开率

当然，不同类别的公众号高峰阅读时间不尽相同。

母婴类：

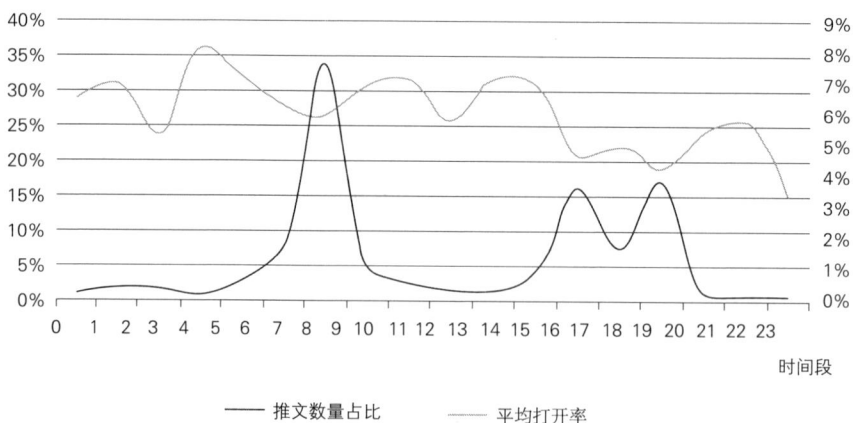

—— 推文数量占比 —— 平均打开率

金融类：

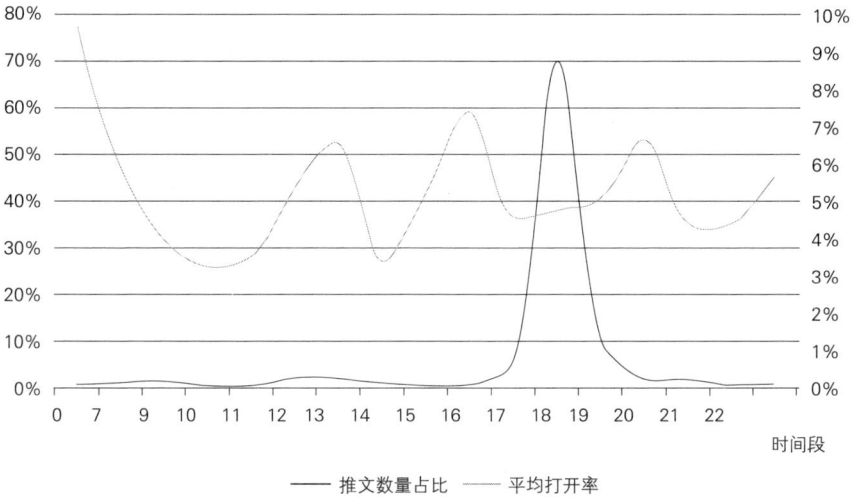

推文数量占比 —— 平均打开率

美食类：

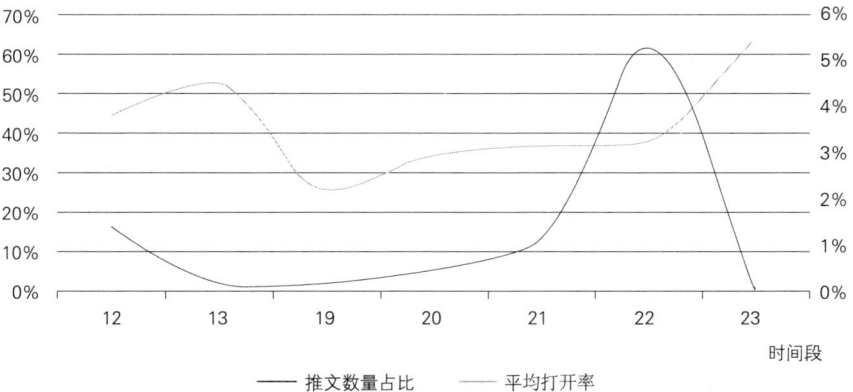

推文数量占比 —— 平均打开率

图片来源：https://www.zhihu.com/question/21970425

越是轻松休闲的话题，用户阅读的高峰时段就越迟。

商家的商业投放可以根据这个用户阅读习惯，选择最合适的时间点发文，更容易被用户点击阅读。

在无数人都热衷于电商直播、抖音短视频的当下，充分运营好微信公众号，对于品牌用户的推广和销售拉动具有不可替代的作用。毕竟，根据公布的数据，现在微信公众号总量已经超过 2000 万，每个大号的背后都是一堆活跃度较高的用户群体，这里面有许多品牌推广和销售借力的地方。根据新榜发布的数据，从 2015 年到 2019 年，微信公众号单篇平均阅读下降了 24%，这个趋势恰恰说明，剪切加粘贴无法继续生存，微信这种以图文内容为载体的形式，需要优质的内容来满足用户的阅读需求。

3. 拼多多的降维打击

这几年拼多多成为最受关注的中国电商公司。这家成立于 2015 年的电商黑马一路杀出重围，快速成为交易金额和活跃用户数仅次于阿里的第二大电商公司。拼多多（NASDAQ：PDD）发布其截至 2019 年 12 月 31 日的第四季度财报：2019 年，拼多多实现总营收 301.4 亿元，同比增长 130%，全年交易额 GMV 达 10066 亿元，突破万亿，较上年同期的 4716 亿元，增长 113%，平台活跃买家数达 5.85 亿。2020 年进一步增长到 7.88 亿活跃用户，超过阿里巴巴的活跃用户数。相比之下，京东 2019 年活跃用户数 3.6 亿，全年 GMV 净收入 20854 亿元。由于拼多多是平台模式，京东是自营加平台，商业模式的不同无法对交易额做直接比较，但是与 2018 年相比，拼多多 2019 年度交易额同比增长 113%；京东同比增长 24.37%。交易额突破万亿的拼多多不仅创下电商行业发展新速度、新纪录，也是近年来中国数字经济蓬勃发展的一个缩影。

拼多多业绩的快速发展，伴随着的是资本市场的反复唱空，其股价也在这种唱空背景下一路上扬，从 2019 年 7 月份的 20 美元上涨到 2021 年 2 月的 200 美元，短短一年多时间内市值上升 10 倍。唱空拼多多的原因无非是假货、劣质商品、持续亏损。

看一下下面两张图示：

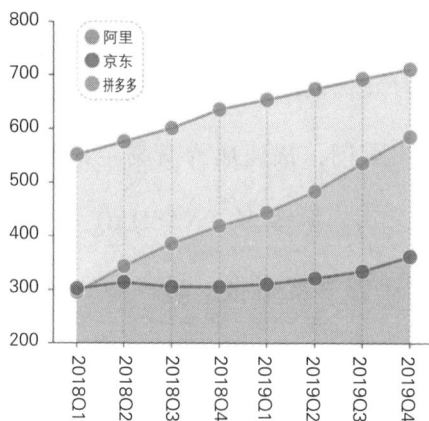

阿里营收，京东、拼多多年度活跃对比 | 单位：百万人

	阿里
	京东
	拼多多

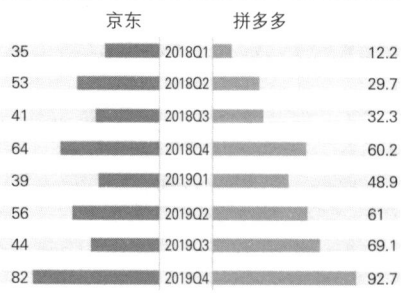

京东、拼多多年度活跃对比　　|　　单位：百万人

京东		拼多多
35	2018Q1	12.2
53	2018Q2	29.7
41	2018Q3	32.3
64	2018Q4	60.2
39	2019Q1	48.9
56	2019Q2	61
44	2019Q3	69.1
82	2019Q4	92.7

图片来源：行业报告网 https://www.51baogao.cn/2020/03/13/6622.shtml

作为一家试图后来居上的电商巨头，在其快速获得海量用户的爬升阶段，营销成本势必高于已经占有先机的对手，如京东。我们分析营销成本，不仅仅要看花费的金额大小，更重要的是这个投入产出了多少用户。拼多多用户在2018—2019年两年间从3亿猛增到5.8亿，这项费用的市场效益远远好过任何对手。

拼多多的快速兴起，说到底就是两个关键词：新战场、新营销手段。

新战场，指的是它定位的主力用户群体，有人形象地称之为七环外生意。七环外人群不是今天才出现的，过往这么些年，电商都在争夺白骨精，即高学历高消费的都市白领，所谓电商下乡、市场下沉提了无数次，但真正把这个作为基本用户来运营的，拼多多是第一家。这就是所谓的另辟战场，在这片天地，阿里和京东都不具备优势。

中国电商走的是大都市先行，带动二、三线城市用户消费的路径，在电商发展的早期，受制于网络普及率和配送能力的局限，乡镇农村市场难以触达，今天，这些障碍早已不复存在。况且，乡镇农村市场不仅用户数量巨大，实体零售的覆盖度也远远低于都市，恰恰成为线上零售最好发力的战场。

长期在北上广深和省会城市工作生活的人，容易片面理解中国的主力消费人群，觉得名牌、时尚、高单价商品的销售连年上升，就误以为中国用户都已经是富裕群体。在 2020 年 5 月召开的全国人大会议上，李克强总理特意强调，中国是一个人口众多的发展中国家，我们人均年可支配收入是 3 万元人民币，但是有 6 亿中低收入及以下人群，他们平均每个月的收入也就 1000 元左右。而这 6 亿月均收入 1000 元的用户的线上购物需求，长期以来被忽视，这恰恰是拼多多快速发力并占足先机的主力用户。

两年前有一个朋友说他可以以超低价，几乎不花成本地买断上海某品牌库存的 8000 部 MP3，他准备做电商。所有人都反对，认为现在什么年代了，谁还会花钱买 MP3，反对声音最响亮的理由就是：苹果和三星手机都自带有比老古董 MP3 还强大的播放功能。他征询我的意见，我回答说："中国的零售环境，如果以欧洲比喻的话，北京、上海可以类比法兰克福，中西部乡村就好比地拉那。"事实证明，他只用了不到一个月，所有商品售罄。

8 元两双拖鞋包邮，100 个垃圾袋 4.8 元，看上去不可思议，但这样的市场不仅存在，而且具有相当规模，看一下各地乡镇的批发市场就明白了。

用户定位之后，怎么撬动这些人？拼多多巧妙地运用了拼团这个对于中低收入群体最有效的营销方法。

拼团是要拉人头、要时间成本的，而且还具有一定的不确定性，对于特别在乎时间费用的上海办公室白领来说，花 20 分钟，再等上几个钟头，换来 5 元钱的优惠，可能很不值当。但乡村市场消费者对于时间成本的概念截然不同，不仅仅愿意等，还特别热心地去招呼周围的人，说这件商品如何如何好，价格如何如何优惠，替平台拉动新用户。早期拼多多的很多客人，都是这么来的。

低价的魅力在线下 dollar shop 10 元店体现得淋漓尽致。10 元钱的低售价难以覆盖店铺的日常运营，但进入 10 元店的客人，随手一拿，大多结账时就是十几件购买，这就是低单价商品、低购买门槛带来的规模效应，整体流通成本大幅度降低。

拼多多把最初以拼团形式吸引新用户的做法又接着往前迈进了一步，搞了一个百亿元补贴，实际操作一则是给予知名品牌售价津贴，拉动用户购买，例如苹果手机每台补贴 200 元；再则就是用超低价搞定时限量促销，例如小米电视 9.9 元，限量 10 台，用户必须拉几个新人注册，才有参与这个抢购的资格。这样的方式说到底还是试图寻找更低成本获得新用户的做法，在拼多多这个平台的现有用户群体里，这个做法是确实有效的。以时间换优惠一直是零售行业屡试不爽的做法，特别是对于价格敏感度高的用户族群。

作为电商行业的后起之秀，在围绕用户"人"构建线上交易生态链方面，拼多多显然比天猫和京东都高出一筹，那些老牌电商虽然也重视用户的参与，但更多的是局限于购物分享和评价，而拼多多向前迈进一大步，直接在售前的商品浏览咨询阶段就把消费者拉到营销场景中来，它对于每款在售商品开辟拼团购和单独购买两个按键，就是以一种最为强烈的信号告诉顾客，这里有更为省钱的路径，只要你愿意付出一点组团购买的努力。这是信息时代以人为核心运作最为出色的电商平台。这一系列做法有效降低了拼多多平台获得海量用户的初始成本，使它在电商的竞争格局中处于非常有利的地位。

在电商行业，流通成本包括流量成本和交易服务成本。关于低流量成本，淘宝、京东都是搜索主导的流量分配机制，商家为争取流量花费巨大，直通车、点击排名，许多商家不惜违规雇人刷单打榜，无非都是为了流量。拼多多用分布式人工智能进行流量匹配，通过技术手段把用户与其所感兴趣的产品精准比对，用千人千面的方式推送产品信息，这里面涉及智能化的数据运算，导致的结果就是商家在拼多多的整体营销成本远远优于其他平台。对于很多商家来说，在拼多多做销售，利润更低，但整体的运营成本也低了许多。这里是一个商业模式的良性循环，七环外人群，远离红海，拼团模式有效降低流量成本，又通过智能化匹配让商家在平台的运营成本产生优势，从而巩固其低价销售的可持续性。商品售价优惠，低价吸引力大，迅速汇集优势产品形成爆款。低流通成本和分布式人工智能运算匹配不仅降低了交易的流通成本，同时催生了根据点击和销售数据反向定制式生产，C2M即从消费者反向寻找制造，提升了供给端效率，大大降低了库存成本，把从生产到销售的交易效率发挥到最大值。虽然阿里很多年以前就提出 C2M，但是流量成本居高不下，C2M 难以真正发力。

低价模式可以运作的前提，只能是流通成本大面积优化，这恰恰是老电商阿里、京东一直被广为诟病的，商家在那里做生意越来越难，流通成本一年高过一年，原来说互联网零售减少了实体零售的库房租金，流通成本本可以大幅度减少，但事与愿违，电商时代的流通成本高于实体零售。拼多多用一种特别简单有效的拼团低价，把流通成本大面积压缩，购物转化率大幅度提升，整体的市场交易效率优于老电商。而智能化的流量匹配，改变了长期以来货找人的销售模式，转化为人找货的反向供应链。一个 8 元包邮的拖鞋能在一周内卖出 30 万笔，这样的加工订单成本，相比于分散式每个商家每周卖出 10 双拖鞋，那完全就是两个概念。

而流量成本在电商环境里早已经是最主要的成本项目，一旦产生流量成本的洼地，自然会有无数商家趋之若鹜。很多人一开始看不上拼多多，一直给它贴上山寨、假货标签，后来发现这个后起之秀起势太猛，赶紧奋起直追，分别出现天猫淘宝的拼团秒杀，京东的拼购，但已经无法阻止拼多多的崛起。2019 年拼多多的百亿补贴，主要瞄准品牌货，直接拉动其用户池向上迈进一个层级。用补贴换来口碑信任，吸纳更多品牌更多商家入驻，让更多用户获得购物实惠，进而保证其平台交易的活跃度。

以人均交易贡献值计算的话，2019 年拼多多的活跃用户人均购买 1720 元，京东为 5792 元，阿里为 8055 元。乍看这个数字不觉得有什么，但请想一想，电商最需要的是什么？用户活跃度。拼多多的客单价行业估计在 50 元左右，阿里、京东是 220—280 元，简单算一下，就可以发现拼多多的用户平均购买次数高于京东，这才是拼多多后劲最足的地方。

以平台为主力销售形式的中国电商行业高度寡头垄断，原因在于流量成本构成极高的进入壁垒，而用户规模越大边际效益越大，其竞争优势和商业价值就越发凸显，用户规模及其活跃度都高于对手，这也是拼多多能在公司市值上快速赶上京东这家老牌电商的最重要原因。

拼多多的挑战，无疑在于怎样使其平台保持现有的高黏性，从某种意义上说，拼多多今天面临的是与十几年前淘宝平台同样的问题：平台有海量活跃用户，商家自行优胜劣汰，假货争端不断，收费能力不足。对于超大平台而言，改变的方法只有两个选项：自身升级，或者在共享现有用户的基础上打造一个更为高端更具有赢利能力的新平台。当时阿里内部面对淘宝的局面有过反复和曲折，最终选择了构建天猫商城新平台的路径，淘宝成为其内部免费流量的输出方，这样的选择很痛苦，在一定程度上会牺牲现有平台的既得利益，就像淘宝最近这些年的发展在内部明显受到天猫的压制，但有利于更好地捍卫其行业地位，同时保证公司利益的最大化。拼多多将选择什么样的方式实现新的跳跃，我们外人难以知晓，但有一点是肯定的，起于拼团，终于常态。拼多多下一个大的突破，机会一定来自平台能够实现更大比例的常规化销售。毕竟，再大规模的特卖或者拼购，其容量也终归是有限的。

4. 裂变营销

裂变营销是新零售时代一个全新的思维。换句话说，每个关注你商品的消费者、粉丝，都可以是你营销的始点。

裂变当然借助的是互联网信息时代快速有效的传播，它从根本上改变了品牌宣传和商品营销的行业定义。

以前营销传播是单向的，通过电视广播、媒体广告宣传、活页夹带，把品牌方、销售方的信息播放出去，体现的是单向、有限路径的特点。

单向，指的是每个普通用户只是信息的接收方，最多也就是向身边的亲朋好友做一些介绍；有限，指的是任何品牌的传播载体，只能集中于几个数量不多的投放渠道。

而裂变营销改变了这一切，它把每一个关注你的用户、粉丝都定义为信息传播的原点，无数个原点构成一幅铺天盖地、分散状的品牌和产品宣传星云图。

想象一下一万名用户，每个人只要有三级传播，每次传播平均触达 6 人，它的威力是不是大大超过电视台的黄金广告？

新零售时代的裂变营销通常是依靠达人（即 KOL）先行启动，再由无数普通用户，素人（即 KOC）实现广泛渗透。没有达人难以实现快速启动，而缺乏素人分享裂变，难以在短时间内形成规模效应，两者是相辅相成的关系。

在国内，裂变营销有成功的，也有饱受争议的。前者如拼多多，后者如微商。

拼多多成立于 2015 年，几年间成为电商用户和销售额超过京东坐上第二把行业交椅的巨头，除了定位清晰，低价团购成为它低成本获得海量用户的有效手段。而低价团购，说到底就是裂变营销。

我有一个很有趣的观察，比较的是同样以超低价吸引用户的两家零售公司：一家是德国的阿尔迪，另一家就是拼多多。

阿尔迪以超低的商品售价吸引顾客，是欧洲最为成功的零售公司。它是怎样实现超低价的呢？主打自有品牌，品项数量集中，减少各个流通环节成本，例如店铺位置都在负一层或者静街处，营业时间短，服务内容简单，例如收银台前顾客需要自己装包，总而言之一句话：清汤白水卖场。这背后的逻辑是：你想便宜省钱对吗？在保证商品质量的前提下，我不能给你这么多不同款型、不同规格、不同香型的商品，我要节省现场服务费用，我无法为你免费停车，我只能把店面开在租金较低的僻静处……所有成本节省到最低，这样我就能卖得最便宜。如果模拟一个商家和顾客的对话，那大致就是："想便宜点吗？那就请您别太在意便利和附加服务。"三四十年前阿尔迪折扣超市在德国刚刚兴起的时候，早期的顾客群体有一大部分是学校的教师和知识分子，因为这个群体的消费者更加理性，更不介意质量以外的其他东西，也没有鼓鼓的荷包。

不得不说，这是工业时代的思维，同时很德国。

拼多多也试图以超低商品售价吸引顾客，它是目前最成功的中国电商公司。它又是怎样实现超低价的呢？两双拖鞋 8 元包邮，苹果手机比市面上便宜 800 元，靠的是拼团，还有注册新客抽签式福利。我们都知道电商最大的成本项是获客成本、流量成本。拼多多巧妙地利用了人们追求超低价的购物心理，以及这种获得超低价商品的成就感，嵌入裂变营销机制：拼团销售。团购在几年前的千团大战中曾经频繁出现，但把这个作为用户裂变工具做得最好的无疑是拼多多。这背后的逻辑是：你想便宜省钱对吗？你帮商家找几个人一起来买……你替商家节省了流量成本，平台和商家就能把商品卖到最便宜。如果模拟一个商家和顾客的对话，那大致就是："想便宜点吗？那就请您帮我拉几个客人进来。"

这是信息时代的流量思维。

就全网营销来看，裂变营销最初的载体是熟人社交圈。微信刚开始的几年大家围绕的正是基于熟人朋友圈的社交电商，也就是说你的微信好友一旦被你发动去传播你的内容或者产品，那么他影响的主要人群也会是他周围的熟人。这是裂变营销最好的一个用户层，因为熟人天生就有一份信任的背书和传递，这也是许多人借助微信熟人圈做裂变营销的内在原因。

我们在营销过程中单单依靠熟人圈就可以了吗？

不是的。熟人数量有限，而且朋友之间连接的纽带并不是利益关系，接下来产生的裂变营销就更多的是以相互利益、拼团互惠的方式出现，从而产生了一种具有极高推广价值的互联网营销模式。很多人对于拼多多的评论总围绕着所谓七环外人群，殊不知七环外人群一直在那里，需求也一直存在，之所以能被拼多多开发出来，关键还是它巧妙地找到了一个快速实现用户裂变的支撑点，即拼团营销。

裂变营销具备3点其他营销方式所不具有的优点：

第一，成本低：只需要有原始的种子用户，设计好裂变流程，便可源源不断地裂变下去，可谓是不花钱的广告。在流量成本居高不下的电商行业，低成本获得用户无疑使你处于竞争格局中最有利的地位。

第二，链条持续性：一个好的裂变营销策划通过软文或者其他短信息发布后，在其传播过程中不容易出现效应衰减，能持续被反复传播，经常有商家因为反响超乎预期而不得不强行中断传播。

第三，影响力广泛：在今天的信息时代，平均每个人会有200—1000个亲朋好友，每次启动传播，至少可以影响几十个人，达人的号召力则以百万计。汇聚起来，就是一股强大的营销力量。

这种低成本、持续性和人群的广泛性，使得裂变营销成为一种具有很高商业价值的品牌传播和销售工具，这也是为什么大多数内容网站，例如小红书、抖音，一开始上线的初衷是用户喜好的分享，很快就充斥了商业化裂变营销的货币味道。

既然裂变营销如此富有商业价值，那么，如何有效地做好裂变式营销？

一是注重利他原则：从腾讯官方给出的数据，一个微信用户获取信息的途径80%来自别人的分享，怎么理解这个利他原则呢？我分享一个朋友的例子：

我有一个朋友经营餐厅，生意做得非常困难，主要是来客数少、上座率低，他又不想花钱登广告。他试图从现有的经营中寻找卖点，发现自己餐厅的榴莲甜品很受欢迎，那么怎样从裂变营销的切入点做出推广文案呢？

他的裂变方案是，推出文案宣传：任何客人，带上当下星座的女生用餐，榴莲甜品一折优惠。

把这个消息发布到其微信公众号后，一晚上的点击量超过一万，第二天餐厅全部坐满，榴莲甜品套餐断货。

很简单有效的裂变营销，抓住的就是利他原则，人们更愿意传递对别人有价值的东西。

利他原则是有效运用裂变营销的关键，所谓的拼团优惠，就是运用利他营销的最好例子。反过来说，我们看到微商运用熟人圈做了一阵生意，现在越来越难，为什么？因为它的本质是挣朋友、熟人的钱，这样的场景从商业模式上是无法持续的。朋友可能出于道义给你一次两次捧场，但一旦他知道你是在借助彼此关系做生意以后，绝大多数不会再为你埋单。而拼团，则通过利他法则实现了多方共赢和快速传播。

二是注重时效性：如今人们对于任何热点、任何有趣的东西关注的时长越来越短。从网上众筹或者预售数据也很清楚地看到，时间跨度越长，营销的收效越不明显。因此，基于裂变的营销方案，一定要掌握好时效性，让一个推广活动能产生瞬间爆发力。依我个人的从业经验，绝大多数分享团购的零售营销，如果借助新媒体推广的话，1—3 天是最佳周期。这样的时长设计，既能留出基本的推广覆盖率，又保证用户的新鲜感，从而激起足够的参与意愿。我们曾经做过一个节日前的活动裂变方案，当时为了综合考虑圣诞和元旦两个节日因素，把活动周期定为 14 天，结果就是阅读的人多，但参与的寥寥无几。调查发现，人们对于需要两周以后才能看到结果的营销方案兴趣不大，除非是类似家庭装修这类的耐用商品。

三是裂变营销活动后的用户跟进：说到底，裂变营销主要解决的还是用户拉新问题。用一个低成本有效的形式快速聚拢大量用户，让他们对你的产品、你的平台产生认知，这只是用户营销的第一步。不幸的是，有很多商家仅仅停留于这个层面，对于通过裂变带来的用户很少有针对性地做后续维护。这是一个大忌。

用户领入门，与你的商品、品牌，或者销售平台的关系依然十分脆弱。我们都说一回生两回熟，零售行业有个说法，叫作三次购买才是稳定的客源。当然，这是针对日常消费品而言。以我当年管理淘宝和天猫平台的实际体会为例，我们发现，只购买一次或者两次的用户特别容易流失，所以平台有一项专门针对新用户的关怀和扶持措施，目的就是要引导顾客完成前面的三次购买。你如果从事电商行业，不妨分析一下你的数据，看看你的用户三次以下的流失率是多少，三次以上多少，这样才能更加对症下药。

5. 差价免单的商业逻辑

什么叫差价免单？就是当顾客在一家商场购物时，他从货架上看到某件商品标示的售价，结账的时候，如果收银台显示的价格高于货架商品价签标价的话，商家就对这件商品实行免单制度。

这个实践在国外已经有几十年的历史，但据我所知，国内卖场至今没有这种做法。

说一个我实际经历的例子。很多年前，我在澳大利亚的一家超市做店长，那时候我还很年轻，刚做店长才几个月就碰到这么一个让我觉得头疼的难题。有一位 50 多岁的顾客，每个礼拜都到我们超市来买东西，他就买一样商品——蘑菇。每次他都会挑四五十粒蘑菇，然后到收银台结账。国外超市的收银台很多都是带称重功能的。在我服务的那家超市，公司有个规定，为了方便顾客，实行五分以下减免的政策，就是当结账时如果收银小票算下来是 35 块 8 毛 2，最后的收款就是35块8毛，把2分免掉，如果是35块8毛4，那么就把这4分免掉，如果是35块8毛6，那就递减到5，实收35块8毛5。这项政策已经执行了一段时间，都没有问题，直到我们碰上这位顾客。这位顾客拿了50粒蘑菇来到收银台前，他怎么做呢？他把一粒蘑菇放在磅秤上，要求收银员单独结账。有趣的事来了，如果这粒蘑菇按照磅秤算下来是4分钱的话，一按结账键，就自动递减，变成应收款为零，因为总数少于5分。他要求收银员把这粒蘑菇结账，打出小票，这样下来，应付款为零，他其实就不用支付了。接下来，他再放一粒蘑菇，又如此炮制一遍。每粒蘑菇的重量不太一样，第二粒蘑菇称下来可能是3分钱，他又要求结账，结账收银小票出来又是归零。他再放另外一粒蘑菇，或许这粒蘑菇重一点，比如说超过5分了，计算下来是6分，收银台计算下来变成了5分，这时候，这位顾客就说这个商品他不要了，要求现场退货，就把这粒蘑菇作为退货商品放到一边做退货处理。如此循环，他的50粒蘑菇，不但要打出几十张小票，一个收银台还要用掉差不多20分钟的时间专门服务这位顾客。而且这位顾客基本上每周来一次。就这样，过了大约四周时间，我觉得这件事情必须停止了。有一天我特意在收银台等候，当这位顾客又是一分钱不花从收银台拿走几十粒蘑菇和一堆结算小票的时候，我把他叫住，我说：先生，除非你改变你的这个购物习惯，否则的话，我们可能不能再服务你。他对我笑了笑，走了。几天以后，我收到当地消费委员会的一份正式函件，那位买 50 粒蘑菇的顾客把我及我所管理的这家店告到州消协了。我觉得很冤，特意询问了一下我们公司内部的法律部门，得到的答复说，我是错的。

因为，既然商家规定了 5 分以下减免，这个顾客就是按照这个游戏规则在运作。商家没有任何理由制止或是拒绝对这位顾客提供服务，只要他的做法在商家颁布的规则范围内。

这件事给我的零售生涯留下深刻烙印。

同样地，早年我在国外从事超市管理的时候，公司一直有差价免单的规定。任何商品出现价格差异，例如你货架上商品价格签上标的商品售价，或者促销堆头的售价标识，如果与收银台上结算的价格不一致，收银台结算的价格如果低于货架价格，以收银台为准。如果高于货架的价格，比如，货架标签标的价格是 26.5，收银台是 26.8，这个时候并不是把差价退给消费者，或是以 26.5 结账，而是将这件商品免费送给顾客。如果客人买的商品超过一件，那么第一件免单，其他的则以低价结算。

我记得我刚刚加入这个行业的时候，曾针对这个规定问过店长，我观察到的是，因为有了这个规定，几乎每星期都能看到有客人得到这个差价免单的待遇，大摇大摆不用付费就将商品直接拿走，这不就让人钻空子了吗？当时的店长回答了我一句，这句话让我记住了半辈子，深深体会着其中的道理。

店长说：空子，就是让人钻的。

很多年以后，随着我对零售的了解增多，我愈发明白这句话的意思，空子就是让人钻的，让人钻空子，恰恰是发现漏洞解决零售管理问题最有效的做法。

从用户思维的角度来看，差价免单政策，它的商业价值在哪里？

第一，这是最有效的挽留顾客的营销措施。你会让顾客觉得开心，让顾客觉得他占了商家便宜，这是最好的营销传播。反过来说，当商品标价不一致时，顾客本来就感觉不爽，我们在国内卖场看到的通常是怎样处理的呢？先是让你等："这个，我们要查一下。"然后是推："是某某员工，新来的，价签忘记换了，系统有问题。"总之就是让顾客白耽误工夫，商家把责任择干净。

第二，帮助零售现场及时发现和解决问题。零售大卖场平均有几万款商品，每天价格变动上千款。这个规定虽然让商场损失了一单销售，但使得门店人员能够在第一时间发现问题，及时补救。

第三，通过差价免单，可以倒逼经营细节的优化。因为差价免单势必给门店造成收入损失，所以，倒逼你的管理流程需要更加优化。例如当时我就职的超市公司就规定，营业时间段产生的任何商品售价更改，如果是降价，当时立马生效，比如，原来是28.8变成26.8，这个瞬间生效。凡是提价的，比如，这件商品从26.8上涨到

28.8，系统设定了三小时的缓冲期。如果早上 9 点系统的售价从 26.8 调整到 28.8，系统会做两件事：一是自动打印出新的价签，便于你及时更换；二是，收银台新售价的开始生效是 3 个小时以后。为什么要岔开 3 个小时？这就是要让卖场的工作人员及时更换价格签，让新的顾客看到的是更改后的价格。同时也避免在调价的瞬间，某个顾客已经看到了原先货架上的价签 26.8，他认为是 26.8 的商品，如果到收银台结账的时候显示的是 28.8，那就是欺客。所以，这三个小时的缓冲，就是从用户思维的角度倒逼你的经营细节做得更加合理。

最重要的一点是，差价免单的政策给用户提供一种购物放心，提供一份信任感。好多次我和国内零售同行说到这个建议，他们都说，这个在国内做不到，我问为什么。因为作为消费者，我有过多次这种货架标价和收银台不相符的经历，让我感觉不爽。

对方给我的理由基本就是：太容易被人钻空子。

每当这个时候，我都会想起我入行时店长对我说的那句话：空子，就是让人钻的。我们不敢这么做，主要原因在于我们的小算盘打得太响，我们怕顾客占商家这点小便宜，但是，你恰恰因小失大，因为你很可能失去的是这名顾客。

何况，你丢掉了经营管理中更多及时发现和改善的机会，纵容无序管理。上个月我碰到了一个实际例子。我去北京一家超市买一瓶威士忌，在货架的价签上它的标价是498，我拿了这瓶威士忌到收银台结账，结果收银台结出来是698，我说不对，我在货架上明明看到是498，这时值班经理过来了，他查了一下货架的标签，又查了一下系统，给我的解释是，系统已经调价了，货架上的价签是几天前的，没有及时更换，结果就是不仅做不到差价免单，而且他坚持一定要用698这个价格来结账。他给我他认为最冠冕堂皇的解释就是，如果我收你498的话，这个差额的200块钱要我个人掏腰包补上，他认为这个说法能够打动我。可是他没想到的是，作为用户，我很可能再也不进这家门店了，因为感觉失望，被误导。

相比之下，电商平台和商家对于错误标价导致顾客抢购的处理，很多时候显然缺乏用户思维。几年前，中国亚马逊出现过标价失误，把几百元的精品图书错标成几元售价，结果引起哄抢，最后平台方以技术漏洞为理由，拒绝发货，给予退款了事。这样的例子说明商家还是没有适应信息时代的思维。且不说一位顾客的维护成本，仅仅是吐槽的差评就让商家损失颇多。商业销售过程中出现失误，客观上难以完全避免，但用户思维则是处理问题的关键，一句技术漏洞不仅让顾客懊恼，更重要的很可能因此丢掉一批客人。有一种担心是说碰到薅羊毛的不能简单认赔，上面介绍的国外超市处理方法就很值得借鉴，标价错误，如果客人购买同样商品超过一件，那么第一件免单，其他的则以正确的价格结算。

零售标价出现差异，这是个一直存在的问题。怎么去处理差价，恰恰是你赢得顾客的最好机会。让顾客占点小便宜，商家永远不吃亏，顾客心里是有数的。这种小便宜让顾客占着，他会用更多的购物和推荐行为来回报你，他会把这种正面的感受传播给他的亲朋好友。从差价不免单这么一件小小的事情，我们能看出一家零售公司，如果真正带着用户思维去经营，应该怎么处置。更不用说，任何流程与系统都是在挑错中完善的。既然我们能花钱请人挑网站的 bug（漏洞），为什么对于找到卖场或者网站商品售价标识不正确，或者品名描述有误的顾客，不能给予最起码的鼓励？

在今天我们大家都在热议新零售的时候，保留或借鉴类似差价免单这种零售最基本的留客技巧显得特别重要，我们不能一方面热衷于追逐新名词，同时又长时间忽视维护客人的基本动作，特别是一些多年来行之有效的方法。

6. 个性化消费

在很长一段时间，我们讲个性消费，更多想到的是明星、名人，因为他们拥有一般人无法比拟的消费能力，而且他们为了突出自己的身份和地位，喜欢打造一些带有浓重个性化标签的商品、专属用品，或者追求个性化的服务。比如，皇家的个性化瓷盘、个性化餐具，明星个性化定制款服装，球星个性化的球鞋、球衣等等。这种个性化消费虽然存在，但不足以构成一种零售现象，对于绝大多数普通消费者来讲，那是可望而不可即的。我们今天面对的个性化消费，是在新零售时代下全新的消费现象，以及由此带来的全新的零售经营的机会。

今天的中国有两个主力的个性消费族群：一个是年轻时尚一族，他们一直都是个性消费最重要的目标群体；还有一个，我们称之为富裕族群，就是生活条件比较好、经济条件比较优越的族群，他们从消费升级的角度出发，希望享受带有个性色彩的商品和服务。

个性消费的范围可以涵盖很广。我们抛开那种极为高端的，像定制私人飞机、私人游艇、私人跑车这种超高门槛消费，着重探讨生活类商品销售，个性化消费具有什么样的特点？或者说如果我们要关注成为社会现象的个性化消费服务，应该抓住哪些关键的元素？

个性消费有以下四个很明显的特点。

第一个特点，很多个性消费其实是追求"热点"的。什么叫追求热点？就是人们很关注的题材，通常围绕着现在最热门的事件、最热门的新闻、最热门的场景。例如由于2020年开年以来的新冠肺炎疫情，口罩、消毒水，洗手液等防范病毒传染的用品销售火爆，有商家及时推出个性化口罩，从材质、颜色等角度为不得不戴口罩同时又依然想表现美丽的用户提供了当今热点下富有特色的个性化销售路径。

我有一个朋友，他专门销售2018年世界杯决赛阶段36支球队的球衣，他做了一个很巧妙的安排，就是在选球衣的时候，不管你是选阿根廷队的球衣、巴西队的球衣，或者俄罗斯队的球衣，球衣上的号码还是这个国家球队队员的号码，但是号码上的名字，消费者可以根据个人的需要任意改写成自己或他人的名字。比如，巴西队的10号，10号其实是巴西队前锋内马尔的球衣号码，但他把巴西队的10号这件球衣印上消费者本人，或者他爱人、家人、朋友的名字，这样一来，它迎合了内马尔球迷的喜好，销售十分火爆。很多球迷会订购这种印有自己名字或者自己朋友名字的球衣，去看足球比赛。这就是非常典型的抓住热点的个性化消费或者个性化零售的表现。而且这样做还不涉及名人形象的侵权问题。这位朋友告诉我，世界杯赛期间四个星期，这种个性化定制的球衣卖出了几万件。

这里最重要的是，你要有商业眼光去把握这个热点，能够预知到这个"热点"有没有可能成为一个商业营销机会。

第二个特点，就是追求新鲜。这是今天"85后""90后"年青一代消费群体非常鲜明的一个特征。可能就是某一款设计、某一种图案、某一个元素让人家觉得很新鲜，大家愿意为这个新奇的东西埋单。北京有一家公司专门销售带有浓厚京城特色的 T 恤，怎么做？很简单，就是一件白色或蓝色的 T 恤衫，上面印一些很有北京特点的图案，比如，北京公共汽车各个站点的站牌、故宫的门票、中山公园音乐厅的入场券，甚至有可能是两串羊肉串的图片。而这样的图案恰恰很能满足那些标新立异的年轻族群追求与众不同、追求新鲜、追求刺激的消费需求。这方面的例子很多，而且它的运作成本都不高，生产工艺设计的整个流程也不复杂。关键就是，你这个"新鲜"能否打动用户，特别是你的目标用户。我昨天在地铁里面就看到有一个年轻人穿了一件 T 恤，上面印了一句很有意思的话：我爱热闹，所以我坐地铁。这就是现在用户追求个性化消费的一种体现，他们需要载体，通过合适的元素来表现自己的消费观，抒发心情。

第三个特点，要与消费者的个人风格或者消费观相匹配。既然是个性化消费，突出的是个性，就不可能是广众而普适的东西。例如现在有一种设计风格叫简约风，追求产品生产和设计极度克制，不添加非功效性的成分，能用两个颜色的不考虑三个色彩，这种格调通常更能打动白领用户和追求简单生活的人，如果你把这样的商品放到喜欢大牌子的用户族群，收效未必显著。我本人参与管理一个护肤品牌萨维尔琨，是一个英国实验室品牌，定位很明确，就是关注成分、喜欢简洁风格的年轻白领，所以在产品内容物上讲究配方，在包装上以纯色为主打。所有的包装不超过两个颜色，同时把细节做到极致，风格追求与目标用户相匹配，并愿意因此放弃大红大绿的渲染。

第四个特点，走向私人定制。随着越来越多的消费者形成自我消费价值观，以及日渐增长的消费能力，私人定制发展的空间非常大。关于私人定制，我们现在陆续看到的有私人定制的衬衫、皮鞋、包包、文具、红酒等等。以我本人为例，因为我多年来对葡萄酒非常感兴趣，也拥有自己的私人酒窖，我会定期进口一些澳大利亚产葡萄酒，以最好的性价比和大家分享。我们所做的几款进口葡萄酒，其中有一项服务就是可以打印你的个性化标签，它可以是你所喜欢的一行字，或是打印你的照片，甚至你可以选择你最喜欢的葡萄品种，我们根据你所喜欢的葡萄品种去为你量身定制你所需要的葡萄酒。这种业务虽然只是小规模的，目前仅仅在朋友圈、粉丝圈推出，但是非常受欢迎。在我们的实际操作中，定制化葡萄酒使用最多的场景有这么三种：第一种场景，某个特殊的场合使用。比如婚礼、同学的周年聚会、父母金婚银婚的庆典。第二种场景，送给朋友的礼物。比如，朋友生小孩、朋友的生日。第三个场景，企业之间的礼品往来。曾经有一个非常成功的运作案例，就是几年前中国网球女运动员李娜获得澳网冠军，当时有商家利用时机推出带有李娜元素的个性化定制葡萄酒，当然考虑到肖像权的问题，没有直接用她的照片，用的是澳网的场景，还有那天李娜获得冠军的现场图片，当时的英文报纸截屏，把这些元素整合起来，做成一款纪念版的葡萄酒，抓住了热点，这也是个性化定制的一种延伸。

在今天我们谈新零售，更多是要探讨当前环境下消费者的变化，以此为核心展开逆向思维，作为零售服务方怎么跟进脚步去发掘新的机会、新的热点。个性化消费，毫无疑问是其中最值得挖掘的一个热点，而且，在这个领域有很多发展空间。

个性化消费在近期快速上升，除了应景和消费能力的提升以外，消费者在日常生活用品上的消费观念转变，也是个性化消费的重要驱动力。人们的消费观正在从过往追求"耐用",到现在更在意"即用"。所谓的耐用,就是消费者希望这个商品买到以后,可以用上五年八年,那是"60后""70后"出生的那代人的消费观。所谓的即用,这件商品的使用周期对消费者来讲,可能就是一个季节、一种场景,是应景之需,如今"80后""90后"更热衷于此。这种消费从追求"耐用"到追求"即用",为个性化消费提供了一个非常广阔的市场容量,如果你本人是"80后"或"90后",或者身边有"80后""90后"家人,看一下每人有几件 T 恤、几个耳机,就能明白这里的机会。而能否抓住这个机会,考验的是商家对目标个性化消费人群消费心理的洞察能力,以及如何将这种洞察力转化为让顾客喜欢的商品。

7. 会员制的用户价值

销售讲究的是人货场，在追求人，也就是客户价值的最大化方面，会员制一直是一个热门话题。现在用户的获得成本直线上升，同时众多零售卖场的竞争使得用户在任何一个特定零售商的持续购物忠诚度下降，会员制模型更加受关注。

会员制大致分为会员专属零售和会员增值零售两种。

会员专属零售主要体现于线下零售，人以群分是线下会员专属零售的基本经营哲学。商家所瞄准的是对时间成本最为在意的那群消费者，这个概念以美国大零售公司好市多（Costco）和山姆（Sam's）表现得最为透彻。好市多 2019 年进入中国，在上海开张了其在中国的首家门店；隶属于沃尔玛的山姆店则自 20 世纪 90 年代开始一直耕耘于中国，他们采取的做法是收取会员费，同时提供远低于同类大卖场售价的优惠吸引消费者。另外一家进入中国三十年的会员制卖场是德国的麦德龙，这家以现购自提为定位的批发型卖场以小商小贩为主力客户，会员无须交费但必须具备营业执照，也就是说，人家不做普通终端消费者的生意。

线下会员店与普通型卖场在商品方面最大的区别是选品数量。以美国的沃尔玛和好市多做个比较，同样是 2 万平方米的卖场空间，沃尔玛陈列的商品数量在 6 万到 8 万种，好市多只有 6000 多种，德国的麦德龙也控制在 1 万种以内。商品数量的多少与商品种类的多寡是两个截然不同的概念。商品数量众多，因为需要满足不同收入水平、不同家庭结构消费者的需求。如果我们做一个简单的比较，烹饪油在沃尔玛商场有几百款，在好市多只有十来款；咖啡在典型的沃尔玛店有上百种，在好市多只有三四种。前者需要服务不同消费能力、不同家庭规模的消费者，强调的是带宽，即商品的广泛性，市面上有销售的主流品牌在其卖场都应当陈列出来，避免顾客没有找到适合其消费需求价格段的商品而流失，这是大卖场的经营理念。而后者强调的是匹配度，通过采购团队的精选，只把最适合其目标消费人群需求的标志性商品引入销售。之所以能做到这点，恰恰是因为会员制体系大大精准了用户标签，选品的针对性大大提升。当然，我们这里说的选品，是以日常生活的基本品为主。

商品方面第二个明显区别是包装和销售规格。大包装是线下会员制卖场鲜明的特点，可乐是论箱销售的，速溶咖啡是 500 克以上大规格的，面包不会卖小盒的切片，因为它针对的不是单身人群，家庭购物从来都是会员制大卖场的主力用户。有人开玩笑说，顾客如果要花钱成为山姆店会员，首先看一下自己家里是否有超过240升的冰箱。

会员制卖场不注重促销，基本上它的商品都是常年性的定价，虽然也做周期性促销活动，但它的促销更多的是一次性地引入某款新品，售完即止，英文有个说法，叫 one time sales，或者 one time purchase。会员制零售公司有专门的采购人员，一年到头负责的就是几款火爆商品的一次性销售，例如劳力士手表、尼康单反相机，都曾经是好市多很成功的单次畅销品，这种运作的特点就是超高折扣，售完即止，哪怕有再好的用户反馈，也不轻易列入常规销售货位。

线下零售无非从几个角度进行销售定义，除了大而杂的大卖场业态，以沃尔玛为代表，最主要的一个是以经营品类区隔的品类杀手店，像苏宁、国美，再一个就是以用户族群划分的会员制卖场。当然还有品牌专卖店，那是一个更为窄众的经营。

商品数量少、规格大、缺少促销，又得每年花钱买会员卡，凭什么还能吸引人？

低价，毫无疑问是会员制专属卖场最突出的特点，换句话讲，如果会员制卖场的商品售价不能明显优于大众型卖场，那么它就毫无存在的基础。以美国经营的好市多为例，其商品的平均加价率是

13%，而沃尔玛大卖场的毛利率在 35%—40%，差别十分明显。

低价源于低零售成本，这就是谜底。精选商品、大包装规格，带来的是每个单元销售更低的损耗，更低的处置成本，更快速的库存周转，更高额的订货数量，把若干因素累计的话，就是整体成本的降低。

很多热衷于会员制的企业，恰恰不懂得这个最根本的商业逻辑：在零售行业，除非你的运作成本低于对手，否则你就没有低价销售的本钱。

我之前做过这么一个简单的比较，美国的好市多和沃尔玛面积相当，单店销售金额两者差别不大，不同的是下面的两组数字：每天平均购物客流，前者只有后者的三分之一，而客单价，前者是后者的三倍。也就是说，用比对手更高的单体销售，弥补用户数量少于对手的问题。

为什么？针对性，知道会员们需要什么、在意什么。

以购物停车场为例，会员制卖场无一例外地都有大型停车场，他们不能容许因为停车位不足、会员无法停车导致销售机会的流失。我曾是麦德龙中国区的采购总监，在很长一段时间，麦德龙的所有门店都要求停车场与卖场必须在同一楼层，因为上下楼梯或电梯不利于会员购买更多商品，而且带来时间上的额外浪费。

二十年前我在台湾工作时，我公司的对面就是台北内湖区的好市多卖场，那家卖场多年来一直是全球销售最高的门店之一。我当时经营的是台湾万客隆，万客隆与大陆麦德龙类似，也是会员制，针对的是小型商贩，与台北的好市多是竞争对手。我们这么描述各自的会员：去好市多购物的用户大多是双 B 车的，即宝马和奔驰，典型的中产阶级顾客群体。而来万客隆的客人开的是皮卡，小生意人家。既然做的是量贩，不论服务中产家庭，还是个体商贩，充足的停车场一定是个必备条件。

麦德龙和万客隆服务的是小商小贩，还有一部分它们定义的专业人士，它的产品明确对标其用户需求，让用户能够快捷地找到采购所需的商品。在很长一段时间里，我在北京的很多朋友都喜欢到麦德龙采购，很重要的一个原因就是能够买到品质优良的进口生鲜，而且节省时间。几乎所有会员制卖场的人都比较少，停车位很充足。会员制卖场有个经营理念，客人的时间很宝贵，希望给他们提供一个不拥挤的购物环境，快捷的进出流程，无论是收银还是停车都无须浪费时间。我个人的观察是，如果在北京去家乐福或者沃尔玛做每周四口之家的家庭购物，从停车找车位开始，再到买完东西出来所花费的时间至少需要 60 分钟，而在会员制的卖场进行同样的购物通常只需要 35—40 分钟就可以完成。在家乐福和沃尔玛购物，有几个明显的时间浪费节点：找停车位可能要花 5—10 分钟；进入卖场以后，因为人比较多，货架前的通道也不够宽敞，找商品又花费很多时间；收银排长队也是常见现象。中国麦德龙门店大部分停车位都在地面一层，所以从停车到进店可能只需要 2 分钟。在店里，由于会员制卖场采用的是重型货架，每个货架之间的走道至少是家乐福和沃尔玛的两倍左右，消费者不管是选东西还是来回走动都很自如，而每个收银台前通常只有 3 到 4 个人，很少看到十人以上排队，这样整体算下来节省出不少时间。会员制卖场考虑到所面对的用户，不管是中产阶级也好，专业人士也好，他们来店里就是为了购物而不是来休闲逛街的，他们明白其消费者并不希望在卖场里浪费太多时间，所以在购物环节上尽量减少会员们除了购物以外不必要的停留时间，这个与普通型大卖场的商业逻辑是不一样的。后者的经营逻辑是如果能让顾客停留的时间越长，潜在的销售机会就越多。

会员制的年度收费起了一个消费提醒的作用。每个消费者都会算账的，如果你每次购物便宜 20%，你一年缴纳 300 元会员费，你至少要购买 1500 元才能回本（1500×20% = 300）。如果你一年间购买的是 10000 元，那作为会员，你实际节省的是 1700 元（10000×20%−300）。这就进入了一个良性循环，用户觉得既然加入了会员，要尽量多买才划算，而用户买得越多，商家的运营成本就越低。

值得一提的是，在中国，类似山姆会员店、麦德龙会员店，会员年度的存活率都在 80% 以上。

这是线下会员制的鲜明特点，集中于快消品，注重用户的重复购买，提升商品和服务的精准度，减低零售成本，提供价值最大化的零售解决方案。

线下会员制专属卖场这种业态的发展需要两个基础条件：

第一，中产阶级的存在，快消品的消费数量不会随着消费者的收入增加有明显的提升，因为毕竟不像服装饰品，没钱的少买几件，有钱人的衣柜可能有几百件，快销品的需求量其实就是一个人，或者家庭各个成员每人胃的容量，钱多钱少都得买米买油买面条，只不过经济条件好的会更加注重品质，而不是数量的增加，这就是快消品的特点。消费者的收入增加，日常消费开销占其开销比例随之递减，穷困人家日常快消品能占总开销的30%—50%，到了中产阶级，这个比例可能只在10%以内，所以他们更加注重品质。

我1999年加入德国麦德龙公司的时候，这家公司有一项入职安排，就是每个国家新入职的高管都要到德国总部，与公司的CEO有一个星期时间相处，其目的就是增进新来的高管对企业的了解。那时候麦德龙在中国还处于早期阶段，很多中国人对麦德龙的大包装、复合包装销售形式接受度不高，很不习惯。通常我们看到的国人消费，都是缺了牙膏买一支牙膏，需要酱油买一瓶酱油，牙膏、酱油一次4瓶起售，我很不理解，觉得不适合中国国情。在我看来，中国消费者是小量高频的购物习惯，为此我当时还跟麦德龙的CEO有过一场争论。我的观点是大包装和量贩装是西方社会的消费文化，因为西方国家人们住的房子比较大，有很多存储空间，所以他们可以一下子买很多东西，中国人没有这个习惯，中国的消费习惯就是每次购买的数量少，但频次更高。记得这位 CEO 当时跟我说了一句话，翻译成中文就是：这不是消费文化的问题，而是经济收入和消费水平的问题。几十年过去，这句话依然让我印象深刻。回过头来看，他说得很对，1999 年普通人一个月的收入只有 500 元，要他一次性消费 200 元，他可能没有这个能力，毕竟是一个多礼拜的工资，而今天普通人一个月的收入大概是 6000 元，不管是买一箱可乐还是 5 支牙膏，也只占他一个月收入的 1%，所以消费者的消费习惯是随着收入变化而变化的。事实证明，随着消费能力的增加，越来越多的国内消费者逐渐接受大包装的购物方式，也随着消费能力的提升，白领和中产阶级用户更愿意接受会员制卖场。山姆会员店在中国二十多年的发展路径也证实了这点。中国第一家山姆会员商店于 1996 年 8 月 12 日落户深圳，前面十几年几乎没什么进展，真正的开店提速是最近十年的事。目前，山姆已在中国开设了 23 家商店，分别坐落在北京、上海、深圳、广州、福州、大连、杭州、苏州、武汉、常州、珠海、天津、厦门、南京、长沙、南昌、成都、沈阳、南通。原因很简单，他们看到了中产阶层的兴起以及由此带来的商业机会。

第二个条件，会员制卖场更受理性消费群体欢迎。什么叫理性消费，就是顾客很清楚他需要什么，他要买酱油或者饮料，他想添置几件睡衣，顾客很清楚自己需要的是什么质地、什么价格带，甚至什么品牌，这类消费者不太容易跟着促销广告走，他们属于我们通俗讲不容易被忽悠的群体，这恰恰是会员制卖场存在的先决条件。因为会员制的用户池子比起广众型卖场要小得多，如果靠经常更换商品随潮流卖东西，那它就难以体现其定位、商品更精准的优势。所谓的理性消费群体不能简单地以收入来定义，更多的是用户不同的生活阶段，通常来说，小年轻用户更偏感性，家庭用户偏于理性，这也是会员制卖场以家庭用户为主力的一个重要原因。

线下会员制以专属卖场为主，而线上的会员制，更多的是靠增值服务。

这就是我经常说的陆军与空军的区别。线上没有物理空间限制，几乎不存在用户前往商场的路途时间成本。因此，线上零售不太热衷于通过排除法来做会员专属销售。有过类似订阅式的会员电商，例如每周固定送几次鲜花、水果，或者葡萄酒，但基本上都没能形成气候。曾经有一家 jet.com 在美国做一个减价式会员卖场，后来被沃尔玛收购，也就再没什么声音。

既然是增值服务，需要平衡会员与非会员的关系，所以线上会员体系在设计的时候颇费了一番工夫，一开始电商公司采用阶梯价格折扣，例如一件商品，普通用户 200 元，银卡会员 190 元，金卡会员 180 元。几年前我本人创业做了一家线上进口超市百恩百特购社，一开始也曾经采用这种阶梯售价的方式，后来证明效果不佳。当会员与非会员同在一个购物平台消费时，区别售价容易让商家里外不讨好，非会员觉得自己买贵了，而付费会员觉得这点折扣差别不明显。这就是电商和视频网站不同的地方，视频网站靠的是屏蔽或跳过广告播放，以及提供部分专属优先观看片源的方式来吸引用户付费成为会员，而电商不能使用对部分用户屏蔽销售的方法。

价格差异化的路径走不通了，商品又不太适合搞精选陈列——在线下卖场，货架如果陈列 200 款烹饪油，不仅占据商家的货架空间，消费者也需要花大量时间做物理浏览。线上几台服务器、几个搜索按键排列，让这个问题不复存在。那么，电商做会员制最为有效的就是快递包邮了。亚马逊是最早从这个角度切入的，因为快递是一个简单重复的费用项。对于一名顾客来说，假如他每次线上购物需要花费 9.9 美元运费，而电商平台提供 69 美元全年包邮的话，他只要每年在这个平台购物超过 7 次，用户就觉得是划算的。而在流量成本日益高涨的线上零售，如果一名会员每年的购物频次或者购物金额比起非会员用户的购买高出一倍的话，那平台方提供的这部分免费配送费用，只要低于开发一名新用户的成本，那就是良性运作，而事实上，各主要电商的会员制数据也都证实了这个商务逻辑。

从用户获得角度上说，会员制大致分为有门槛和无门槛两大阵营，有门槛能产生一种尊荣性和排他性。至于门槛是什么，则可以由各个零售商自行权衡制定，好市多、山姆、亚马逊靠的是收取会员年费，麦德龙、万客隆是通过对用户身份的限定，还有的则以用户活跃度和消费金额来设立金银卡不同会员等级。在当下用户获得越发困难的电商环境下，大多零售商不敢以高门槛作为会员制准入机制，目的在于尽可能多地扩大用户池。但事情总是相对的，池子越大，用户的来源越广泛，商品和服务的针对性就越弱。这是一个难以两全的商务取舍。

积分通常是零售公司推出会员体系最常见的方法，其目的在于通过给予一部分福利来提升用户的忠诚度。2008年我主持筹备天猫商城的时候，做了一个全平台所有商家和所有消费者通用的积分计划，按销售的0.5%提取和赠予积分，这在国内大型平台式电商是一个全新的创举。以前商家都是只给予自己的顾客积分，而每个买家通常都在不同的商家处购买商品，积分各自为政，对于买家的价值不大，而且起不到更好地提高海量用户对大平台购物忠诚度的作用。全平台的积分解决了这个问题。因为不同商品类目的毛利率不一样，当时设定的0.5%只是一个基数，可以根据不同商品类别、不同商家的意愿，甚至不同时段的促销力度灵活地调整积分，可惜后来这个设想没有进一步得到贯彻。

从实际使用效果看，积分作为会员福利的核心组成，对于顾客的吸引力持续下降。这里面的主要原因，一来很多时候商家不愿意把优惠落到实处，积分成为一个幌子，实际价值不大，例如凭积分得几次抽奖机会，或者换购几支牙刷几盒纸巾；再则除非是大平台，普通用户一年下来购买的金额和次数都不高，对于商家来说，给予积分的比例过高，担心费用上承担不了，但比例太低，例如 1% 左右，那折算起来顾客觉得就是一个鸡肋。

其实积分是一个非常简单有效的会员制回馈形式，关键在于零售商特别是电商没有真正地把积分做出富有吸引力的设计。我们都在感叹顾客回购率低，那为什么不能用积分叠加、翻倍的形式来刺激用户的活跃度？例如以每个月为维度，30 天内有复购的，我们给予相当于购买金额 1% 的基础积分，有三次以上复购的，我们给予 2% 甚至更高比例的积分。这样既使得积分富有激励性，又能有效提升用户活跃度。

在今天新零售环境下，我们更多围绕用户来打造零售模式，会员制无疑能发挥更大作用，尤其在大数据时代，我们可以很精准地了解每名会员的购物习惯和消费需求。差异性营销、差异性服务本来就是会员制度创建的初衷，而这些差异化恰恰在数据时代能够得到最透彻的体现。我们总在津津乐道于二十年前亚马逊购物分析中啤酒和尿布的关系，但几乎所有的电商公司都缺乏从会员的购买行为去判断用户的生活阶段、消费特征，导致的是大量无效的营销。举一个自己的例子，我使用美团订餐，美团几乎每次都要给我推送优惠券，但在我看来，美团的优惠券无论从形式到内容对我都毫无吸引力，所以从一开始每次收到这样的短信我都直接删除从不理会，但它还是孜孜不倦地每次推送给我，或许我是它这个平台的高频会员。但如果你发送的链接用户从来不打开，你是否也得想想问题出在哪儿？用户的消费详情和购买路径都清楚地展现在那里，对这些数据不做分析，仅仅每天发几百万条短信，就想提升用户的忠诚度？况且还是美团这种大公司，数据处理能力实在令人不敢恭维。

8. 有效提升用户留存

先讲一个我自己作为用户的实际经历。这件事情过去很多年了，却始终印在我的脑海里，每次讲到"如何提高顾客存留率"这个话题，我总会想到这个例子。

二十多年前，有一次我从香港坐国泰的航班去悉尼，大概 9 个小时的飞行距离。起飞以后，我想看一会儿书，就举手去按头顶上的阅读灯，没想到这个阅读灯不亮，我就顺势按了服务铃。空姐过来，看到我座位阅读灯不亮，她先是向我道歉，说两分钟以后她会回来。过了两分钟，她过来告诉我说：先生，很抱歉这个阅读灯不亮影响了您，我在前面几排几座那里，替您安排了一个空的位置，麻烦您过去那边坐，以免阅读受到影响。我先谢过人家，再一想也别折腾了，我就说：算了，我也懒得挪动，不能阅读我就睡觉好了。所以，我就没有挪位置。

在我看来这个事情已经结束了，因为只是阅读灯不亮，这本身是一个很小的问题。人家很重视，也提出了妥善的解决方案，我心里没有感觉任何不舒服，这个事情就算过去了。可是让我没想到的是，到达目的地，当我走到机舱门口准备下机时，那位空姐叫住我说：先生，请您等一下，我们的机长要和您说两句话。然后，国泰航班的机长，很郑重地跟我说：黄先生，非常抱歉，因为我们的设备故障给您的行程带来不便，诚恳向您致歉。同时，他递给了我一个信封，说这是他们一份歉意的表示。我打开信封，里面是一张面值200美金的购物券，可以在国泰任何一个航班上兑换免税商品。

这一刻，作为顾客，我是真心感动了，被他们这份周到的服务深深打动。

也许你并不觉得这种行为有多么出彩，那么我接下来再给你讲一个反差度极大的例子。

后来有一次我坐另一家航空公司的航班，也是凑巧了，碰上类似的情况，阅读灯不亮。因为飞行时间不长，也不能睡觉，我准备还是要靠看书来打发时间，当时就想起上次乘坐国泰航班的经历，所以我依旧按了呼唤铃，请空姐过来帮助处理一下。结果空姐过来看了一下，甩了一句话：哦，这个我们知道了，已经有半个月不亮了。然后就径直离开了。

通过这件小事的不同处理，大家有没有看到落差？

同样一个问题，截然不同的解决办法。作为顾客，你会更留恋哪家航空公司，哪一种处理方法能给你留下更深刻的印象？下一次选择航空公司你会选择哪一家？答案是显而易见的。

这个问题的本质，就是用户运营和留存，它对所有企业来说都是事关生存的大事。特别是在今天新零售时代，我们经常在讨论的，所有人都面临的难题，就是用户流失率在零售行业呈现上升趋势。

今天我们看到的电商企业，除了特别大的平台，大部分二、三线的电商公司，或者在大型平台上开网店的商家，一年的顾客存留率只有30%—40%，三年的顾客留存率不超过20%，换一句话讲，就是你辛辛苦苦获得了顾客，三年以后，差不多80%都流失了。

更要命的问题是，今天获得线上客人的成本持续攀升，想要获得一个购买用户需要大量流量资金的投入，虽然各个类目不尽相同，但平均算下来，每个用户的获得成本，按照他购物所产生的销售利润计算的话，差不多两到三年才能填补这个新人的营销成本。如果说顾客在三年之内离开，这个获客成本最后产生的回报率其实是负数。

电商销售三部曲：购买流量，产生销售，引导复购。

几乎所有商家都重视第一步，都把主要精力放在流量上，最常见的说法是：没有流量，巧妇难为无米之炊。

我现在自己做电商，我对团队的要求是：先解决好复购和销售转化率，再来谈流量。

记得七年前我在东方出版社出版《走出电商困局》，书中提到大马力的水泵与漏水的水桶。水桶里面的水就是你的用户数，复购就是水桶的止漏能力，水泵注水就是你的流量成本，如果你无法解决水桶持续大规模漏水问题，再大的水泵又能帮你支撑多久？

流量在大多情况下是一份购买，除非你有特别的自造流量能力，这方面的成本以市场平均值计算，很容易得出一家电商公司一年销售需要多少新用户，需要多少流量投放。而电商营销经理们总是一上来就说：要做成这个销售业绩，就得花费这些市场投放预算。既然流量成本是商家自身难以把控的，销售转化率和复购就是取胜的关键。

道理很简单，你网站或网店的用户复购高出行业平均值一倍，大致意味着你的流量成本减少了二分之一。

我们都说问题就是答案，面对用户高流失率这种行业常态，我们要想清楚问题的来龙去脉，哪些是我们可以避免的，哪些是我们必须面对的。

电商时代用户流失率高的客观原因是什么？

第一个客观存在的情况是，基于地理位置的用户购买习惯，影响流失率。

对电商来说，销售与购买不受地理限制，这其实是把双刃剑。

虽然我们都说电商最大的优点，是它的售卖不受地理位置的局限，可以触达全国乃至于全世界所有的潜在用户，这跟线下零售很不同，但正因为没有地理位置这个"护城河"，对于顾客来说，他去哪一家电商网站购买都是等距离的。所以，客观上电商流失用户的概率也会加大。相对来说，实体门店，例如线下的鲜花店、便利店，用户多数基于附近几公里的生活范围，或者我们常说的上下班途中经过的轨迹商圈，绝大部分用户容易被这个地理位置框住，消费习惯相对不易改变，从而带来较为稳定的复购比例。

第二，商品同质化，各大平台销售同样的商品和款式，这也是导致复购比例低的一个重要原因。我们都知道个性化商品是吸引用户留存最好的方法，成功的零售企业一定要在选品上面下功夫，除了自有品牌，买手制零售也能最大限度体现商品的唯一和专属性，以此吸引用户复购。但国内电商基本都是平台模式，平台模式导致的是商品雷同，彼此靠促销、让利、价格战来竞争，客观上不利于维护用户的忠诚度。

第三，售后服务和用户购买评论。

我们都知道要维持好的顾客满意度，但是当顾客对你的服务、对你的销售感到失望不满的时候，你是怎么去处理售后的呢？这一点恰恰是商家有没有能力挽留住顾客，能不能避免顾客流失非常重要的环节。

就像我上面分享的，两家航空公司的空中服务人员面对同一件小事，两种截然不同的态度，无疑对用户留存造成的影响也大相径庭。

当顾客对你的服务、对你的商品不满意的时候，如果你处理得好，反而是你留住这个顾客，甚至于把这个顾客的负面情绪转化为正面反馈一个很好的机会。可惜绝大部分电商公司对售后的处理都不够重视。所以，我们看到很多消费者对电商平台的购物最大的吐槽就是，出了问题找不到解决方法，找平台，平台推给商家，或者推给品牌方，再不就是推给快递，推给配送人员。这样的推脱，最容易造成用户留失。

用户评价的重要性大家都很清楚，但评价的跟进则是大多数电商缺失的一块，特别是对于差评或者负面评价，往往就是制式回复，缺少来龙去脉的陈述，或者干脆置之不理。评价的回复不仅仅是给写出评价的人看，更重要的是避免这类评价影响其他用户。有人这么总结，电商一个差评能导致三十位客户的流失。

那么，除了针对性地改善导致用户流失的主要环节，运营方面还有哪些方法能提高用户的存留率？

复购优惠：这被认为是行之有效的方式，而且商家的投入产出比一定远远优于开发新用户。

用户唤醒：所谓用户唤醒，就是对那些长期没有购买或使用你的产品或服务的用户，通过有针对性的运营动作，促使他们再次消费。

以前我在管理线下零售的时候，习惯于把沉睡的用户，也就是在一段时间不活跃未购买的这些用户先做一个分析。我把他们分成 3 个月沉睡用户、6 个月沉睡用户和 12 个月沉睡用户。当然，根据不同的商品类目，消费者有不同的消费周期，针对这种时间维度的切割分类可以做相应的调整。

通常来讲，在快消品行业，用户的活跃度应该以月度或者季度为单位，所以，如果 3 个月不活跃，就已经成为沉睡用户了。沉睡用户如果没有及时激活，很容易成为流失用户。

针对 3 个月的沉睡用户，我们用较轻的用户运营动作来唤醒，我将之比喻为"音乐式唤醒"，比如通过好的商品促销、好的活动营销，刺激用户消费，实现用户召回。

6 个月的沉睡用户，叫熟睡用户，就是他已经进入深度睡眠了，如果再不采取一个有效的方法，这个用户很容易就流失了。这个时候我们会采取更强有力的唤醒方式，像免费购物券，或者赠送一件商品，希望他能够重新活跃起来，重新回来购买。

12 个月还没有活跃的用户，则有一个特别的运营策略，叫电击起搏，最后冲刺一下，希望他能重新活跃过来。对这类 12 个月沉睡用户最行之有效的方法，通常是利用比较大的节日，比如国庆节、春节、元旦这种大型的活动，用特别力度的产品做专场营销。

做这些具体的运营动作时，一定要用数据说话，不能凭空设想，要通过日常的数据统计和分析，做好用户分析，找出他沉睡的原因，比如此前有哪些环境阻碍他的购买行为，是支付环节不方便，还是比价后觉得价格太高从购物车中去掉了……这些在新零售时代，有很多透明的用户信息能帮助提升用户激活的针对性。

积分体系：积分体系行之有年，一直是鼓励用户复购的有效方法。

这方面航空公司做得比较成功。以国航为例，国航现在拥有将近一个亿的知音会员，其中又分成普通卡、银卡和金卡。据我所知，它的银卡和金卡用户占国航凤凰知音会员的3%左右，而这3%的用户贡献了它超过50%的销售额。所以，这就是积分体系在培养用户的忠诚度，是最大限度提升用户存留的行之有效的办法。

积分体系可以操作的形式很多，积分抵现金、积分换购、积分参加抽奖、积分折扣等等。积分设计要充分考虑用户的使用意愿，以及积分营销的财务成本。

商品和服务差异化：通过销售独家产品、独特包装，或者提供带附加值服务的方式，保持用户较高的复购意愿。例如现在网店销售大多实行7天或者14天退换货政策，有一家销售小家电的卖家推出全部家电商品一年内出现任何使用问题顾客可无理由更换新品，它特别附带了两个小细节：一是用户可花 10 元单独购买这项服务，二是更换新品由第三方公司操作。这两个小细节设计得很用心，10元钱收费金额不大，但让用户觉得他是以一种很优惠的价格获得这项服务，这个感觉比没有成本的服务更让用户珍惜，同时特意标明由第三方负责无条件更换新品，就是要打消顾客对于出了问题是不是真的能够解决的顾虑。据我所知，这家网店实行上述政策后，复购率提升了150%。

电商经营无法实现与客人面对面的沟通和挽留，通过网络拉动客人，方式方法比线下零售更加灵活，但需要运用得当，动不动就发短信促销其实作用很有限，很多时候还容易造成顾客反感。电商经营者可以用这样两个基本的评判标准来评价自己电商平台或者网店的用户复购表现：一是与行业平均值比较，二是拉动复购的成本与新客成本比较。如果不能维持好的复购率，那就像一只不断漏水的水桶，有多大的营销投入都难以沉淀为后续生产力。

9. 7-ELEVEn 的收银键盘

　　在我的电脑里一直存有一张日本连锁便利店 7-ELEVEn 收银台键盘的照片。我第一次访问 7-ELEVEn 便利店在三十年前，结账的时候注意到一个细节，收银员在收款前仔细端详了我一眼，然后在键盘上按下了一个很特殊的按键。那时候我已经进入零售行业，所以对这个键盘产生了浓厚的兴趣，于是我便设法把这个键盘的排列拍摄下来。

很多年过去了，键盘款式或许已经修改了好几版，但那个三十年前引起我注意的按键至今还在，就是这样的排列。

各位是否注意到，这个收银键盘除了通常收银台可见的按键之外，还有两排很清晰的年龄键，分别标注不同性别的几个年龄段，一共有十个按键。这是用来做购物用户行为分析的底层数据收集。7-ELEVEn 的收银员根据目测，判断每位购买用户性别及所属的年龄段，按下相应的按键。

这样一来，每一张订单的背后就会有一个清晰的用户标签，回过头来很容易做销售分析和顾客购物行为梳理。哪一类的商品吸引的是哪些用户，各个销售时段哪个年龄段的用户购买的比重更高，高单价的商品主要由哪些用户消费，即食商品对男性女性用户的哪个年龄段最有吸引力？十个按键虽然很简单，但是折射出一家零售公司运营上的用心。以一种简单而非常有效的方式去深度分析顾客数据，我不得不佩服日本人做事的严谨和细致。这个按键产生于前互联网时代，在我见过的全球所有的零售公司里，这样的按键设计 7-ELEVEn 是头一家。通过这些按键所采集到的海量信息，对于零售公司进行商品选择、优化、引入新品、安排促销，毫无疑问大有帮助。举一个很简单的例子，如果一家便利店一天卖出 20 个茶叶蛋，店家并不知道他的用户族群是谁，收银员早班晚班流动，靠记忆难免偏差，而这组按键就派上了大用场。同样地，通过按键给每张销售小票贴标签，店家能分析出听装啤酒的销售有 40% 来自 36—55 岁年龄段的女性，而这批用户的平均购买单价比全店用户高出 50%，货架空间利用比例是全店的 2%，销售贡献是 5%……那么，零售商就可以从啤酒的口味、口感、酒精度等维度去优化商品结构，使这个类目的商品更好地吸引主力用户族群，进而提升销售额。7-ELEVEn 每家门店收银机的这十个用户筛选键，相当于它在所有经营门店植入了一套用于数据分析的数据收集仪，简单、快捷、全方位覆盖。

了解用户一直是零售行业说得最多的一句话，在新零售时代能够真正懂得自己的消费者，决定着一家零售企业的生死。懂得用户可以从两个维度来展开：用户的生活状态和用户的消费习惯。

所谓的用户生活状态，包括用户的性别、年龄、婚姻状况、家庭规模、学历、职业等等。

用户的消费习惯，包括用户购物的频次，主要购买的商品类别，所购买商品和其他类别商品的关联关系，购买商品的主力价格带、容量、规格，每次消费的件数，主要购物时段，购买促销品的占比，以及每次访问的下单转化率，还有平均的逗留时长等等。

就上面两个维度来说，实体零售更容易获取的是用户的生活状态，因为客人是面对面服务，对于他的基本状况，很容易通过观察或者问询获得。而用户的消费习惯则是电商公司的长项。

用户在网上购物最大的一个特点，就是其行为的每一个节点、每一处停留都是可以被记录和追踪的，这恰恰是在数据收集和分析方面电商强于线下零售的地方。以前我们做地面零售的时候，经常面对的是商品陈列位置的调整是否影响到用户购买的问题，我们称之为货位陈列优化。例如要把酒水类目从左边前区的第二个货架移到右边后区的第三个货架，这样的货位调整是拉动销售增长呢，还是抑制购买？顾客提袋率有什么变化？因为没有足够的数据支撑，基本上就只能采取最原始的定点跟踪。调查方法就是安排人员拿码表计数，看看每一百名经过这个货区的人，有几个人会停下来浏览商品，有几个人会购买，再和原先货区做一个比较。而这些分析采样在今天的电商时代可以轻而易举地通过数据记录实现。我们可以很清楚地还原、归纳每位用户的购物行为，他每次访问网店或者电商平台平均的逗留时长，他习惯的购物时间段，他从登录浏览到最后完成购买平均点击页面数，他选品的路径，比较商品的喜好和习惯，以及他最后下单的转化率。从这些消费习惯就能很容易地给这位用户标注几个定义标签。

可惜在实际操作中，现在绝大多数电商公司和网店对于用户的营销都缺乏足够的精准性，没有真正去分析每位用户不同的消费行为特点，只是简单地采取发几条短信，放几个夹带这种最原始粗犷的营销方式，白白浪费了电商作为一个数字化的购物场所，拥有精准数据可以发挥的个性化推广和销售拉动机会。如果你想提升用户的购买转化率、用户的客单价、用户的复购频次，我建议你首先做好一门功课，就是给自己的用户来个清晰的画像，从他的消费习惯入手，用几个标签把用户分门别类梳理出来，然后匹配他的账号或者手机号。例如习惯于在上午时段购物的人群，习惯于在下班途中下单的用户，习惯于利用赠券购买促销品的客人，以及习惯于比较数款同类商品后下单的顾客，这些都是后续优化电商网站运营不可多得的数据。

电商很习惯于通过短信推送来拉动复购，而撒网式的短信推送的销售转化率，行业平均值低于千分之一，如果你有更为精准的用户标签，不再做那些泛泛层面的推广，至少有几十倍转化率提升的空间。分享一个实际的例子，有一家电商网店，上年全年的下单用户30万人，复购率15%，他们每月通过短信发送三次，约90万条，费用5万元，平均转化率千分之一。我建议调整一下方法，把三次群发短信改为根据用户标签分成十类用户，做有针对性的定向营销。这样调整下来，每月短信费用下降到1万元，转化率提高到4%。

7-ELEVEn当年在没有互联网数据收集便利的时候，通过几个按键快速有效地判断用户并对商品和销售给予标签式的梳理，今天新零售时代，消费行为的挖掘分析一定能给电商企业带来商品选品和转化率的优化。

10. 私域流量这座金山

如果你问任何一个从事电商工作的人，他心中最为魂牵梦绕的是什么，他一定毫不犹豫地告诉你：私域流量。

私域流量是相对于公域流量而言。什么是公域流量？别人拥有的流量，要花钱买的流量，买的流量给多给少，什么时候给，流量是清澈的泉水还是浑浊的河水，事先难以估计，流量阀门开多大、什么时候关闭也难预料。如果你是一位开网店的商家，在天猫、京东平台做生意，或者注册头条号卖东西，用的就是人家的流量。用一句当年淘宝皇冠大卖家的话说：把被子放到人家床铺上睡觉。生意大了，换一条好的蚕丝被，但终究不是自己的床铺。

费用高涨，流量不可控，这是公域流量最大的问题。但为什么那么多商家离不开它？很简单，公域流量体量巨大，淘宝天猫有7亿用户，拼多多有5亿多，酒香也怕巷子深，在一个拥有几亿用户的平台上做生意，总比自己一个一个找客人来得简单快捷。

那么相对应的，私域流量指的是商家自己拥有的流量池，不用仰仗别人的恩惠或者排期，可以在任意时间、任意频次、直接触达用户。这就是私域流量的主要优点：流量使用随时可控，营销性价比更高，与用户具有强大的互动能力。

话虽如此，过去这些年，试图以构建私域流量为销售基础的电商公司，基本都以夭折告终。电商做网站，不论是电脑端还是 App 移动端，赖以生存的都是私域流量。几年前有一则报道说，国内电商网站累加起来不下 5 万家，真正脱颖而出的不到 50 家，千分之一的成功率。B2C 本来是一个电商独立的行业业态，十年前 B2C 刚刚起势的时候，创业者和投资商都很看好垂直类目这个细分领域赛道，一时间涌现不少主营某个商品类目的 B2C 网站，例如卖包包的、做鞋子的、经营化妆品的、销售衬衣 T 恤衫的，同时也有不少快消品牌经营自己的线上商城，拥有独立的域名或者 App，但几乎无一例外都以阵亡告终。行业人士的结论是：在中国做垂直品类或者独立品牌的电商，是一次死亡之旅。

投入高成本，存活率低，是众多商家有志做私域流量却最终败下阵来的主要原因。尤其在中国这样一个以平台模式全覆盖的电商环境里，垂直领域终究难以在获客成本上和有着海量产品、海量商家的大平台抗衡。因为经营垂直类目或者品牌专营电商，销售产品

240

的宽度不够，客观上无法维持较高的用户购买频率，而大平台使用的法则是引入商家相互竞争，在商品丰富度、价格比对、配送时效等方面更胜一筹。所以怀抱靠纵深经营一个垂直品类或者一个品牌而获取私域流量的 B2C 电商们，最终还是拜倒在大平台的石榴裙下，以开店入驻的方式，花钱买人家的流量。

电商行业的赢家通吃，导致流量寡头化，而寡头化的背后，一定是流量成本的持续上涨。十年前在网上获得一位新购买用户，获客成本是 30—40 元，现在涨到几百元。

谜一样的算术题怎么破解：公域，缺乏可控性；私域，难以存活。总不能一直就这样花钱买别人的流量。

从品牌发展的长远规划和电商用户维护出发，任何商家都需要重视并开发私域流量。我们可以从这些方面寻找突破的机会：

第一，重新定义私域。随着互联网基础建设的发展，自建网站自我开发 App 不再是经营私域的唯一选项。退而求其次，完全可以做出好的准私域流量。这里面最有价值的就是微信生态圈，包括微信公众号、微信群以及微信个人账号。虽然它的载体仍然是第三方，理论上也存在号群被拉黑封号的可能，但微信毕竟只是一个信息沟通工具，与商家从事零售和服务互动不存在利益冲突。微信这么多年一直坚持免费使用，也算是替众多电商商家提供了一套免费的水电供应系统。流量至少需要具备这样几个特征，才能算得上是电商的私域流量：一是具备鲜明的识别特征，对于电商来说，商品品牌是最直接有效的识别符号；二是可以被反复使用，例如商家的会员群、粉丝群，一次性的过水流量尚不具备私域流量价值；三是可直接触达，在这点上，植根于微信的任何运用都要迈微信 App 这道门槛，所以只能算作准私域。

第二，维护私域阵地的温度。我们都知道天猫、拼多多这些大型平台每天每时段都有活动，除了促进交易之外，维持平台的热度从而吸引用户保持关注度是其最重要的考量。任何电商平台或者网站、号群，如果没有温度，冷冰冰地搁在那里，是无法产生流量效应的。许多私域流量的经营者缺乏的恰恰是持之以恒。我看过一个统计，现在电商直播很火爆，无数品牌都开辟线上直播销售，而能够坚持三个月以上不间断每天做直播的，不到20%。许多商家看到微信订阅号传播优势，决定要经营公众号，招聘两个人负责，一开始还有每周内容选题、图片拍摄比稿，几个星期以后，热乎劲过了，再一看没有立马可见的营销效果，就开始心猿意马。有一个简单有效的测试，做一个围绕零售品牌的自媒体号，如果阅读打开率呈下降趋势，说明这个号没有被用心持续经营。任何自媒体号要获得成功，除了内容有特色能吸引人以外，保持温度是最重要的条件。几乎所有的自媒体大号在发文频率、时段、风格等方面都有自己的坚持。温度忽冷忽热是无法做出好的私域流量的。

第三，私域的经营重点在于做内容、做服务。很多商家通过公域流量获得订单，有了用户数据后，把售后相关的安装、服务、问答通过微信号的形式联系，这就能巧妙地把来自公域的用户流量转移到自己的私域。电商销售的许多产品都需要使用说明或者操作指南，哪怕服装鞋子也有很多保养方面的知识，这些都是可以利用私域流量提供，进而引导用户进入私域池的有效方法。

第四，充分运用团队人员各自的辐射力经营私域流量。移动时代的鲜明特点就是每个人都可以成为传播点，经营私域流量一定不是一个部门或者几个专职人员的事。电商团队的每个人都应当被调动起来，成为一个传播节点。我所经营的护肤品牌有几十家门店，我们面对的困难是线下用户很容易被线上的促销活动吸引，从而导致门店客人的流失。实体零售的老大尝试给予每位门店店长和员工5%优惠权限，让大家各自建立微信群做顾客复购服务，首批启动的时候每个群号以每家门店的店长头像为个人IP，由公司统一提供护肤常识等相关内容和本周特惠商品，同时允许群主在5%幅度内自由调整价格折扣或赠品，店长及店员可以灵活加入其他轻松有趣的图片或短句，要求每天至少有两个主题，几个月经营下来，平均提升了门店20%销售，同时大大活跃了顾客与销售代表的联络，既有乐趣，也非常轻松。

第五，慎用利益诱导。很多时候为了追求速效和快速涨粉，商家喜欢以发红包、发礼品的形式吸引用户进入私域，常见的有关注公众号领红包、下载 App 送礼品等等。这样的做法如果能与私域流量池的常规化运营相匹配，能收到瞬间快速增加粉丝的效果，但如果仅仅求得流量池获得曝光，一味靠利益诱导积蓄用户数，难以形成沉淀。我们曾经参与过掘金 1 元红包免费领的活动，主办方说是可以快速提升粉丝数量，结果 20 分钟内 7 万个红包瞬间发完，但换来的 99% 都是无效僵尸粉。

第六，拉新与维护。用户被拉进了私域流量池，并不意味着工作的结束，相反这只是一个开始。我曾经打过这么一个比方，把一百名用户拉入私域，就好比你一场演唱会卖出了一百张门票。这些人是否能沉淀下来，更重要的是看你的演出是否精彩，能否打动人。长期以来，对于私域流量，商家把关注重心放在了拉新上面，很多 KPI 即量化指标围绕的大多是用户数的增长率，其实私域的经营和电商一样，更有价值的是其活跃度、保有率，这方面可以改善的空间还很大。

第七，认真经营内容是建立优秀私域流量池最为有效的方法。在绝大多数情况下，仅仅依靠商品营销推广是难以让用户持续关注商家的私域的，除非本身就是一个靠打折促销为主业的经营模式。原创内容、有深度的文章和趣味性强的分享，是移动时代锁定用户保持私域关注度最有效的方式，靠内容本身打动用户，用户喜欢号主或者版主的内容，自然形成持续关注和转化效应。很多时候我们作为微信用户，看到不少公众号的号主们日常发到用户群的文章、段子，有许多仅仅是自嗨而已，号主自己觉得有趣，粉丝们基本无感，实际上你只要通过用户阅读量和留言，就能看出发布的内容是否具有吸引力。这方面做得最好的是几万个有鲜明原创特色的微信公众号，它们各自深耕于不同的内容赛道，例如情感号、读书号、旅游号、生活号、健身号，在自己擅长的领域持续通过原创的优质内容吸引粉丝，维持较高的阅读点击率。只有在内容发布能持续引发用户兴趣和关注之后，才谈得上货币化及商品销售的推广。

随着各大电商平台的竞争日益激烈，线上销售的流量成本日趋高涨，社交电商、内容电商、直播电商的异军突起，从事网上销售的商家们越发重视私域流量这个话题，试图通过建立私域流量池，追求更直接更低成本的用户触达和网上运营。有趣的是，大凡私域流量做得好的企业，通常不善于经营商品运营及销售，而对绝大多数的电商公司而言，流量经营恰恰又是其短板。

11. 新消费的时代红利

　　中国正进入以"85后""90后"为主力顾客，以网络购物、信息平台分享为明显特征的新消费时代，这个时代的特点是消费多元化和注重个性。三十年前只要是个潮男就想有条金利来领带，是个美女就希望手袋里有支法国唇膏，那个时代渐行渐远了。今天的消费人群，特别是新一代人，更多地追求商品高品质，追求原创，追求购物的简单省心，同时更在意性价比。同时，在社会宏观层面，政府大力推进供给侧改革，中国制造业正经历产业升级的变革。如何顺应这个时代特征，围绕新消费，产品深入上游供应链，强调原创和设计，追求简约和精品，提供最优性价比商品，同时倡导环保，以再生资源迎合新一代用户的环保意识，通过消费主张的一致性，形成消费者、设计者、制作者的共同价值体系，这是行业的空白，也是信息时代零售变革最大的机会。

　　客户变了，中国的顾客群体正经历着一场从单一趋同到多元个性的演变，这种变化意味着新消费时代的零售红利。以前工业时代，解决的是让商品丰富、种类齐全，让顾客能买得到商品，是一个购物从无到有的阶段。而信息时代面对新生代顾客族群，零售行业发展更多的空间在于如何让消费者买得更好、更优质、更省心、更有个性风格，同时富有生活美感，注重环保健康。

　　有三大要素促成这种新消费的产生：

　　第一，快速发展的中国经济带来国人生活水平的持续提升，中产阶级形成独立的消费族群和消费观。这个新兴中产消费族群的典型代表，就是我们常说的"85后""90后"。他们有着与其父辈不同的消费观。同时他们父辈中的很大一部分，也顺应时代的发展在销售观念上发生着变迁。20世纪90年代几乎中国所有城市都随处可见假耐克假阿迪，今天这样的现象正在消亡。根本原因在于：三十年前一位青年教师买一双正版运动鞋的话，估计要花去他一个月的工资，现在很可能只是他的日薪。类似的情形在台湾地区、韩国都同样发生过。当年在"亚洲四小龙"经济腾飞的背景下，台湾地区及韩国20世纪80年代前后经历过一场消费的升级与变革，类似诚品书店就是因应这样的消费升级而诞生的。只不过与韩国，或者与世界其他任何地方相比，发生在中国的这场消费升级，规模之巨大，速度之迅猛，影响之广泛，前所未有。

第二，消费变革的形成，源于收入的提高，而消费变革的加速度，毫无疑问得益于科技进步的推动。互联网的发展与普及，大数据的有效运用，移动通信和即时信息传递的全覆盖，使得几乎所有的消费者能够在第一时间，用他自己第一人称的角度，获取、分享并参与到任何一个消费场景。以前我们有一句话，叫"品牌有话说"，指的是品牌创立者、代言人，登台介绍这个品牌的理念、诉求。今天这种场景正越来越多地被"消费者有话说"所取代。科技的进步，使得消费者不再仅仅是台下的观众、听众，他们以自己熟悉的方式参与其中，成为销售过程的参与者、评论者，这种现象前所未有。

第三，如果说消费升级，科技进步诞生了新消费这个全新族群的话，中国经济大环境的发展，客观上恰恰与这个族群的需求相呼应。我们都说中国是个制造大国、品牌弱国。中国是全球最大的代工生产基地，却只能挣一点最基础的血汗钱。中国制造业长期以来处在供应链生态圈的最底端。在广东、福建、浙江、江苏、山东，大量具有现代化生产能力和品质管理水平的生产企业，没有自己的品牌，没有合适的销售阵地，业务只能依赖做外单加工。由此造成的场景是，中国长期以来一直是西方企业的血汗工厂，中国制造的优质产品，被欧美企业以低价订货，通过其品牌营销与包装，再以10倍的价格出售。中国消费者升级后的购物需求在国内难以满足，只好跑到欧美市场，花高价背回来，这就是所谓的海淘、代购现象产生的背景。二十年前，外贸工厂需要解决的是开工率，让机器跑起来。如今，一方面国内企业拥有先进的设计和工艺流程，生产端的人工成本大幅上升，同时外部环境大不如前，国际贸易冲突时有加剧，逼迫国内许多外销企业需要更多地寻找内销市场，这种来自产业端的认识和产能升级，恰好呼应了新消费场景下以中产阶级为代表的消费需求。

这就是今天我们所处的新消费大场景。

消费者有需求，制造业有需求，科技进步提供了满足新消费需求的多方面条件，这是我们当下面对的最大机会。这个机会属于所有和消费群体打交道的企业，不论是零售、服务、研发，还是制造业。

聚焦新消费，服务新消费，把新消费环境下的需求转化为生产力，转化为产品，转化为一个个细节的服务，这就是目前以小米、网易严选为代表的跨品类自营品牌电商模式试图捕捉的机会。以跨品类的品牌电商作为经营切入点，它兼容了用户匹配认知、产品研发设计、生产及销售多位一体，有机会成为中国电商的第三种模式。它有别于大平台淘宝、天猫，也不同于渠道品牌汇集的京东、苏宁。这种品牌直销模式面对的是以职场白领为主体的新消费人群，以符合他们消费观的方式，通过深入供应链，强调原创设计，工厂直达，突出生活美学，注重简约环保等经营理念，深度挖掘，最大限度满足新消费族群的需求。

现在有种流行的说法，说互联网的红利不再，零售的红利不再，那是指泛泛的流量变现，包罗万象的大货仓陈列。如果我们换一个角度，用一种全新的思维，全新的运营模式，那么新消费这个源自用户端的时代红利才刚刚开始。伴随着互联网的普及和消费升级，中国电商行业经历了淘宝的品类导向性销售，物品丰富齐全，却良莠不齐，经历了京东的渠道导向性销售，各种品牌应有尽有，但品牌溢价居高不下。今天新消费时代，去繁就简、简约环保、精品导向正在成为新的消费需求，而这个领域，目前还没有足够的开拓。

新消费群体、新消费观的主要消费特点包括：

注重理性消费：过往那种充大款傍名牌，节衣缩食两个月就为高价买一只名牌包包的浮夸型非理性购物行为，正在被讲究商品内在价值，不盲目跟风的新型购物观念所替代。

注重自我价值：越来越多的消费者正把其购物喜好与个人风格相对应，追求消费过程的自我实现。"合乎我的品位的才是最好的"正在"85 后""90 后"用户群体中形成新时尚。悦己消费观脱颖而出，越来越多的消费者为自己而消费，这种自我意识的增强带动着各大电商网站新品牌、新产品的蓬勃发展。

注重简单时效：高节奏生活下的消费行为更加注重时间的有效

利用。淘的场景虽然商品繁多，但品质良莠不齐，购物路径复杂，耗费大量精力。新消费追求时间成本的最优化，精品展示，简单购物，放心购物。这种现象在线下实体门店同样表现得十分明显，大型卖场正让位于小区门口的便利店，购物时间成本的节省成为新消费时代的重要诉求。

注重生活美学：购物不再仅仅是为了吃饱穿暖，人们追求更健康的食品、更有情调的设计、更美观的外形。宜家风的兴起和线下各大购物中心的精美专卖店，代表的是新消费群体对居家生活美的关注，顾客寻找有美感的生活衬托，有品位的日常起居。

注重环保健康：保护地球，减少碳排放，身体力行地降低污染，正成为新消费人群的价值观和购物主张。过度包装行为被摈弃，资源浪费不仅为法律所禁止，也受到消费者的谴责与鄙视。

这些针对性的产品和销售运作，正在催生一个全新的商业模式：自有品牌网络零售和自有品牌实体连锁门店。

中国电商现有的两种主力模式，平台模式和买手制仍将占有市场最大份额，但随着新消费时代的到来，各种单一品类或者跨品类精品直销模式将会成为信息时代电商业态的一匹全新的黑马。以品牌设计、生产、营销为一体，实现从消费者需求反向倒逼制造，缩减中间环节，高度对标核心用户消费观的自有品牌电商平台。这个模式将会化繁为简，从海量商品展示到用户需求的精准匹配，从广种薄收到精耕细作，从新客带动增长到强调老客复购，从而最大限度降低无效库存、无效流量、无效市场投放，以更大的单位效益取胜。这个领域目前还没有特别鲜明的行业大厂，小米和网易严选近年发展迅猛。2020 年，一路狂奔的新兴国产美妆品牌"完美日记"成功叩开 IPO 大门，成为"美股中国美妆第一股"和中国最年轻的上市化妆品公司，从出生到成为行业佼佼者只用了短短四年时间。完美日记从线上电商平台、社交平台到线下体验店，主要抓住的就是新消费环境下的全渠道自有品牌运作，以迅速吸粉获客并持续为年轻女性客户创造有价值的服务，火箭般地拥有了超过 2000 万购买用户。

结束语

　　电子商务在中国发展至今大约二十年，如果以人的成长作类比的话，二十年是一个新生命降生到成型的一代。过去二十年，得益于互联网的普及和不断创新，信息时代以网购为主要载体的新型交易正在深度冲击着零售这个古老的行业。如今有很多人在谈论新零售，它其实是电商面对线上新用户增长趋于枯竭，希望借助互联网手段全方位渗透到实体零售，从地面寻找新的用户基数以支撑其高增长高估值的行业快车道。很多解释说新零售就是借助互联网，通过云端大数据、人工智能等先进技术手段，对商品制造与流通过程进行升级改造，重塑业态结构，实现线上线下零售行业销售与服务的深度融合。其实，这些都是不中肯的解读。零售一直是一个在不断地挖掘中创新的行业，很多业态也随着时代的发展和用户的变化应运而生，品类杀手店、会员制卖场，这些都是过去四十年才出现的新业态，相比之下，亚马逊成立至今也近三十年了。我们其实需要深入探讨的，是在信息时代的大环境下，零售行业如何迎头而上，在更好地服务用户、实现更优秀的经营效率方面，有哪些新的机会、新的消费特征、新的行业增长点。例如：消费者的口碑裂变、社交电商、柔性供应链、不同生活状态、不同消费阶段的个性化购物需求，这些都是我们今天谈新零售可能挖掘的潜力。

本着干货分享、思维碰撞的初衷，我借助本书和各位读者一起探讨信息时代零售的机遇和挑战。

坚持其实是最难的一种能力，有人说这是一个习惯，错了，说成习惯，无非就是替自己开脱。养成把一件事坚持下来的能力，你就已经远超芸芸众生。再好的创意、再优秀的点子真正付诸实施，考验的是推进和坚持。就像各种健身房的会员卡，能够在一处不到200立方米的空间售出几千张年卡，赌的就是80%以上的购卡用户不会持之以恒。

我们都在谈信息时代零售的机会与挑战，如何去伪存真，找到新零售的真正节点，这才是核心所在。我一直相信，大而全的大零售渠道固然很有诱惑力，但是，新零售更多的机会并不是所谓大平台大公司的专利，拼多多几年间迅速成长，其价值就在于他们找到了一个相对空白的市场空隙并把这个机会抓到手里。在今天这个时代，零售发展的更多机会在于专注、聚焦的突破，专注于某个领域、某个类目、某个用户族群，这里将有更多深入挖掘的机会，有待新人新企业去探讨。

机会不仅仅是找出来的，更多是做出来的。中国商业形态在整体社会快速发展的环境里，一点都不缺少机会，99%的人聊机会，只有1%的人一头扎下去，坚持沿着所选定的道路往前走，不怕挫折不轻易绕道，他们才是把机会做成的人。那些喜欢谈论机会的人，每天都忙于刷朋友圈、微信群，乐此不疲于和周围人谈论各种不同的机会，这里有一个新业务，那里马上黄金万两，其实都是浪费时间的浮云。说得直白点，只有那个专注并坚持做一个机会的人，才是可能的胜利者，才是你在日后事业发展马拉松终点处能够见到的面孔。哪怕这个机会现在看起来不是那么巨大，不是那么确定，就像二十年前电商作为新事物刚刚开始的时候，很多人并不以为然；就像十二年前我主持创建天猫平台的时候，几乎所有人都反对，但是坚持下来了，市场机会就会变成企业手中的优势。走过高度规模化、效率化的工业时代，让我们一起迎接以人为中心的信息时代零售的未来。